Verena Kast

Abschied von der Opferrolle

W0247710

HERDER spektrum

Band 5374

Das Buch

Viele Menschen fühlen sich in ihrem Alltag anderen Menschen ausgeliefert – sie sind Opfer ihres Handelns oder auch ihrer Willkür. Im schlimmsten Falle fühlen sie sich hilflos, sehen keine Möglichkeit, an der Situation etwas zu verändern. Verena Kast gibt nicht nur ihren Gefühlen eine Stimme. Sie beschreibt auch, wie es überhaupt zu dieser Situation kommt. Was steht hinter dieser Dynamik? Etwa wenn bestimmte Menschen immer etwas „vergessen": Warum ist das so und warum gibt es immer wieder die anderen, die dem Vergesslichen helfen? Oder was geht vor, wenn sich Menschen immer wieder übersehen fühlen? Verena Kast zeigt, welche Rolle der „Täter" und welche das „Opfer" dabei spielen. Mit zwei Märcheninterpretation von „Blaubart" und „Rumpelstilzchen", in denen scheinbar ausweglose Situationen durchbrochen werden. Mit einem gesunden Selbstwertgefühl wird es möglich, erstarrte Positionen aufzugeben und das eigene Leben wirklich zu leben.

Die Autorin

Verena Kast, geboren 1943, Psychotherapeutin, Dozentin am C. G.-Jung-Institut in Zürich, Professorin an der Universität Zürich, Vorsitzende der Internationalen Gesellschaft für Tiefenpsychologie. Autorin zahlreicher Bücher u.a. zur Thematik des Trauerns und zu Beziehungsproblemen. Bei Herder: Loslassen und sich selber finden; Sich einlassen und loslassen; Sich wandeln und sich neu entdecken; Vom Sinn der Angst. Lebenskrisen werden Lebenschancen. Aufbrechen und Vertrauen finden; Lass dich nicht leben – lebe!; Trotz allem Ich. Gefühle des Selbstwerts und die Erfahrung von Identität. Schlüssel zu den Lebensthemen. Konflikte anders sehen. Und als Herausgeberin: Inspirationen für ein gutes Leben. Heil sein – heil werden.

Verena Kast

Abschied von der Opferrolle

Das eigene Leben leben

HERDER

FREIBURG · BASEL · WIEN

Originalausgabe

12. Auflage 2011

© Verlag Herder GmbH, Freiburg im Breisgau 1998
Alle Rechte vorbehalten
www.herder.de

Umschlagkonzeption und -gestaltung:
R · M · E München / Roland Eschlbeck, Liana Tuchel
Umschlagmotiv: © Joseph Pölzelbauer / Michael Wissing
Foto der Autorin: © Palma Fiacco, Zürich

Herstellung: fgb · freiburger graphische betriebe
www.fgb.de

Gedruckt auf umweltfreundlichem, chlorfrei gebleichtem Papier
Printed in Germany

ISBN 978-3-451-05374-0

Inhalt

Worum es mir geht

Im alltäglichen Leben gibt es immer Opfer, und es gibt immer Angreifer und Angreiferinnen. Opfer können nicht ohne Aggressoren entstehen, Aggressoren gibt es nicht ohne Opfer. Das war schon immer so. Auch in alten Mythen begegnet uns dieses Muster. Gelegentlich sind die Angreifer Götter und Göttinnen, die Opfer Menschen; erinnern wir uns zum Beispiel an den Mythos von Sisyphos, in dem dieser dazu verdammt ist, einen Stein auf den Berg zu schieben, der kurz, bevor er den Gipfel erreicht hat, wiederum herunterrollt.[1]

Bei der Opfer-Aggressor-Thematik geht es in vielfacher Weise um Verhältnisse von Macht und Ohnmacht, und dies hat wiederum viel zu tun mit Angst, Aggression und der Regulierung des Selbstwertgefühls. Ich möchte vorausschicken, daß ich von der alltäglichen Opfer-Aggressor-Dynamik spreche, mit der alle Menschen in Kontakt kommen, ich spreche nicht von den Opfern schwerwiegender traumatisierender Übergriffe und von den Aggressoren, die daran ihren Anteil haben. Mir scheint es sinnvoll, auf die

---

[1] Verena Kast: Sisyphos. Der alte Stein – Der neue Weg, Zürich 1986.

alltägliche Opfer-Aggressor-Thematik und deren mögliche Überwindung zu fokussieren, damit wir für dieses Thema in einem weiten Bereich sensibilisiert werden und sich Veränderungen im Alltag anbahnen können. Möglicherweise hat das dann auch eine Wirkung auf die schweren traumatisierenden Übergriffe.

Mir geht es aber nicht nur darum, die Aggressor-Opfer-Thematik aufzuzeigen und für diese Thematik auch im Alltag zu sensibilisieren, sondern ich möchte immer wieder auch deutlich machen, wie man sich aus dieser Verklammerung von Opfer und Täter lösen kann. Aber: kann man sich überhaupt aus dieser Verklammerung lösen, gibt es einen Ausweg aus diesem System? Gibt es das sogenannte Dritte neben diesen beiden Möglichkeiten, oder gibt es dieses Dritte nicht? Ist es der gestaltende Mensch, der der Opfer-Aggressor-Thematik nicht verfallen ist?

Diesen und anderen Fragen will ich anhand von Märchen, anhand der Komplextheorie und den Wirkungen von unseren Komplexen im Alltag nachgehen. Ich werde immer einmal auch Anregung zur Selbsterfahrung geben. Solche Anregungen können selbstverständlich aufgenommen oder übersprungen werden. Diese Anregungen aufzunehmen ist nicht angenehm. Und zwar betrifft dies beide Aspekte: Opfer zu sein ist nicht angenehm, und Aggressor zu sein ist auch nicht so angenehm. Doch die Fragen nach Macht und Ohnmacht sind so wichtig und allgegenwärtig in unserem Leben, daß wir sie nicht einfach übersehen oder an „andere Menschen", an die „Aggressoren und Aggressorinnen" oder an die „Opfer" delegieren können. Wir müssen auch bei uns selbst nachsehen, wo wir welchen Part spielen, auch wenn es sich um ein Thema handelt, das im Schatten liegt, das wir also mit unserem Ideal von uns selbst nicht vereinen können.

Blaubart: Die Überwindung der Opfer-Aggressor-Dynamik im Märchen

An einem Märchen, das diese Thematik explizit behandelt, werde ich die Aggressor-Opfer-Thematik herausarbeiten sowie die Möglichkeit beleuchten, aus dieser destruktiv wirkenden Dynamik herauszufinden.

Märchen sind Geschichten, die vorstellungsbezogen erzählt worden sind. Lassen wir uns diese Geschichten auch wiederum erzählen, oder lesen wir sie so, daß die Bilder lebendig werden können, dann befinden wir uns in einem Vorstellungsraum, in einem Raum der Imagination, in dem die Bilder des Märchens auch Bilder in unserer eigenen Psyche beleben können. Das heißt aber auch, daß die angesprochenen Themen uns emotional wesentlich mehr betreffen, als wenn wir das Märchen bloß auf seinen Informationsgehalt hin lesen. Sind wir aber in unseren Emotionen angesprochen, dann können wir uns auch eher in unserem Verhalten erkennen und verwandeln. Dieser Vorstellungsraum ist indessen nicht nur ein Raum der visuellen Vorstellung, es ist auch ein Raum, in dem imaginativ gerochen, gehört, Bewegungen mitempfunden werden. Je mehr Kanäle unserer Wahrnehmung wir bei diesem „Vorstellen" benützen können, um so lebendiger wird der Vorstellungsraum, um so lebendiger fühlen wir uns dabei. Es empfiehlt sich deshalb, sich das Märchen vorlesen zu lassen, allenfalls es selber auf einen Tonträger zu sprechen und es dann wieder zu hören, damit man sich diesen inneren Bildern wirklich überlassen kann. In dieser Weise läßt man sich durch die Bilder des Märchens in der eigenen Bilderwelt anregen.

Will man Märchen verstehen und deuten, dann kann man sie auf der sogenannten Objektstufe betrachten oder, was häufiger ist, auf der Subjektstufe. Auf der Objektstufe ist das Märchen eine Geschichte mit verschiedenen Protagonisten und Protagonistinnen, das aus einer bestimmten Zeit stammt, eine bestimmte soziale Struktur auch zum Ausdruck bringt. Auf der Subjektstufe entspricht das Märchen einem intrapsychischen dynamischen Prozeß einer Protagonistin oder eines Protagonisten. Andere vorkommende Personen oder auch Tiere werden dann als innere Anteile dieses Protagonisten oder dieser Protagonistin gesehen.

Blaubart – Das Märchen

Es war einmal ein Mann, der besaß schöne Häuser in Stadt und Land, goldenes und silbernes Tafelgeschirr, Möbel und Stickereien und vergoldete Kutschen. Aber unglücklicherweise hatte dieser Mann einen blauen Bart. Das machte ihn so häßlich und abschreckend, daß es keine Frau und kein Mädchen gab, die nicht vor ihm geflohen wäre. Eine seiner Nachbarinnen, eine Dame aus vornehmem Stande, hatte zwei wunderschöne Töchter. Der Blaubart erbat sich eine von ihnen zur Frau und überließ es der Mutter, welche von beiden sie ihm geben würde. Beide aber wollten ihn nicht, und eine schob ihn der anderen zu, weil keine sich entschließen konnte, einen Mann mit einem blauen Bart zu heiraten. Außerdem schreckte es sie ab, daß er schon mehrere Frauen geheiratet hatte und daß niemand wußte, was aus diesen Frauen geworden war.

Um sie näher kennenzulernen, lud der Blaubart die Schwestern ein, mit ihrer Mutter, mit drei oder vier ihrer besten Freundinnen und einigen jungen Leuten aus der Nachbarschaft in eines seiner Landhäuser zu kommen. Volle acht Tage verbrachten sie dort mit Spaziergängen, mit Jagd und Fischfang, mit Tanz und Festmahl, wobei Titel und Würden verliehen wurden. Sie kamen überhaupt nicht zum Schlafen, sondern verbrachten die Nächte mit Scherz und Spiel. Zu guter Letzt war es soweit, daß die Jüngste den Bart des Hausherrn schon nicht mehr so blau fand und ihn selbst aller Ehren wert. Sobald sie in die Stadt zurückgekehrt waren, wurde die Hochzeit gefeiert.

Nachdem ein Monat vergangen war, sagte der Blaubart zu seiner Frau, er müsse in einer wichtigen Angelegenheit für mindestens sechs Wochen in die Provinz reisen, und sie möge sich in seiner Abwesenheit gut unterhalten; sie könne sich ihre Freundinnen einladen und mit ihnen aufs Land fahren, wenn sie Lust hätte, und sie solle das Beste aus Küche und Keller auftischen lassen. „Hier sind die Schlüssel", sagte er dann, „diese sind für die beiden großen

15

Möbelkammern, diese sind für das goldene und silberne Tafelgeschirr, das nicht alle Tage benutzt wird, diese für die eisernen Truhen, in denen mein Gold und mein Silber aufbewahrt ist, diese für die Kassetten mit meinen Edelsteinen, und dies ist der Hauptschlüssel für alle Gemächer. Und dieser kleine Schlüssel hier, das ist der Schlüssel zu dem kleinen Gemach am Ende des langen Ganges im Erdgeschoß. Ihr dürft alles öffnen und überall hineingehen, nur nicht in dies kleine Gemach. Ich verbiete Euch, es zu betreten, ich verbiete es Euch mit aller Strenge. Solltet Ihr es dennoch tun, würde Euch mein fürchterlichster Zorn treffen." Sie versprach, alles, was er ihr befohlen hatte, genau zu befolgen. Er umarmte sie, stieg in seine Kutsche und trat seine Reise an.

Die Nachbarinnen und guten Freundinnen warteten nicht, bis sie eingeladen wurden, die Jungvermählte zu besuchen, denn sie brannten vor Neugier, allen Reichtum des Hauses zu sehen. Solange der Gemahl da war, hatten sie nicht zu kommen gewagt, weil sie sich fürchteten vor seinem blauen Bart. Jetzt aber liefen sie durch die Gemächer, durch Kammern und Kleiderzimmer, von denen die einen immer schöner und prächtiger waren als die anderen. Dann stiegen sie hinauf zu den Möbelkammern, wo des Staunens kein Ende war über die vielen herrlichen Teppiche, die Betten, die Sofas, die Schränke mit den Geheimfächern, die Tische und die Spiegel, in denen man sich von Kopf bis Fuß sehen konnte, mit Rahmen aus Glas, aus Silber und aus vergoldetem Silber, die schönsten und prächtigsten, die man je gesehen hatte. Sie konnten sich nicht genugtun,

16

überschwenglich das Glück ihrer Freundin zu preisen und zu neiden. Die junge Frau jedoch hatte keine rechte Freude beim Anblick all dieser Schätze vor lauter Ungeduld, das kleine Gemach im Erdgeschoß zu öffnen.

Sie war so getrieben von ihrer Neugier, daß sie nicht daran dachte, wie unhöflich es sei, ihre Gäste alleine zu lassen, über eine kleine Geheimtreppe eilte sie hinab mit so großer Hast, daß sie sich zwei- oder dreimal fast den Hals gebrochen hätte. Als sie vor der Tür des kleinen Gemaches angelangt war, hielt sie erst einen Augenblick inne und dachte an das Verbot ihres Gemahls und überlegte, daß ihr Ungehorsam sie unglücklich machen könnte. Aber die Versuchung war so groß, daß sie ihr erlag. Also nahm sie den Schlüssel und öffnete zitternd die Tür zu dem Gemach.

Zuerst sah sie nichts, weil die Fensterläden geschlossen waren; nach einigen Augenblicken konnte sie erkennen, daß der Fußboden mit geronnenem Blut befleckt war. Und in diesem Blut spiegelten sich die Leiber mehrerer toter Frauen, die rings an den Wänden festgebunden waren. (Es waren alle Frauen, die der Blaubart geheiratet und eine nach der anderen umgebracht hatte.) Die junge Frau glaubte, vor Furcht zu sterben, und der Schlüssel, den sie aus dem Schloß gezogen hatte, fiel ihr aus der Hand. Nachdem sie ein wenig zur Besinnung gekommen war, hob sie den Schlüssel auf, schloß die Tür wieder ab und stieg in ihr Zimmer hinauf, um sich zu fassen, aber es gelang ihr nicht, zu groß war ihre Erregung. Als sie bemerkte, daß der Schlüssel mit Blut befleckt war, wischte sie ihn zwei- oder

17

dreimal ab, aber das Blut ließ sich nicht beseitigen. Sie mochte ihn noch so oft abwaschen, sie mochte ihn sogar mit Sand und Sandstein scheuern, immer blieb er blutig, denn der Schlüssel war verzaubert, und es gab kein Mittel, ihn völlig zu reinigen: Hatte man das Blut auf der einen Seite entfernt, so kam es auf der anderen wieder hervor.

Noch am selben Abend kehrte der Blaubart von seiner Reise zurück. Er sagte, er habe unterwegs Briefe empfangen, daß die Angelegenheit, derentwegen er zur Reise aufgebrochen war, sich bereits zu seinen Gunsten entschieden habe. Seine Frau tat, was sie konnte, um ihm zu bezeugen, wie entzückt sie sei über seine schnelle Rückkehr. Am nächsten Tag verlangte er die Schlüssel zurück. Sie gab sie ihm so zitternd, daß er ohne Mühe erriet, was vorgefallen war. „Wie kommt es", sagte er, „daß der Schlüssel für das kleine Gemach nicht dabei ist?" – „Ich muß ihn oben auf meinem Tisch gelassen haben", antwortete sie. „Vergeßt nicht, ihn mir nachher zu geben", sprach der Blaubart. Sie zögerte es so lange wie möglich hinaus, aber schließlich mußte sie ihm den Schlüssel bringen. Als der Blaubart ihn betrachtet hatte, sagte er zu seiner Frau: „Warum ist Blut an diesem Schlüssel?" – „Das weiß ich nicht", erwiderte die arme Frau, bleicher als der Tod. „Das wißt Ihr nicht?" rief der Blaubart. „Aber ich, ich weiß es! Ihr wolltet in das kleine Gemach! Nun, meine Liebe, Ihr sollt hineinkommen und Euren Platz haben neben den Damen, die Ihr dort gesehen habt." Sie warf sich weinend ihrem Gemahl zu Füßen und flehte um Gnade und zeigte wahre Reue, daß sie so ungehorsam gewesen war. Sie hätte einen Felsen erweicht, so schön und so verzweifelt wie sie war. Aber des Blaubarts Herz war härter als ein Felsen. „Ihr müßt sterben, meine Liebe, und zwar sofort!" – „Wenn ich denn sterben muß", antwortete sie und sah ihn tränenüberströmt an, „so gebt mir noch ein wenig Zeit, um zu Gott zu beten." – „Ich gebe Euch eine halbe Viertelstunde", erwiderte der Blaubart, „aber nicht einen Augenblick mehr."

Als sie oben in ihrem Zimmer allein war, rief sie ihre Schwester und sagte: „Meine liebe Anne" (denn so hieß die Schwester), „bitte steige auf den Turm, um zu schauen, ob unsere Brüder nicht kommen; sie haben versprochen, mich heute zu besuchen. Wenn du sie siehst, gib ihnen Zeichen, daß sie sich beeilen."

Die Schwester stieg auf den Turm hinauf, und die arme Verzweifelte rief ihr von Zeit zu Zeit zu: „Anne, meine Schwester Anne, siehst du nichts kommen?" Und die Schwester antwortete ihr: „Ich sehe nur die Sonne, die scheint, und das Gras, das grünt." Indessen rief der Blaubart, einen großen Hirschfänger in der Hand, aus Leibeskräften nach seiner Frau: „Komm sofort herunter, oder ich komme hinauf!" – „Noch einen Augenblick bitte", bat seine Frau und rief leise: „Anne, meine Schwester Anne, siehst du nichts kommen?" Und die Schwester antwortete: „Ich sehe nur die Sonne, die scheint, und das Gras, das grünt." – „Komm jetzt sofort herunter", schrie der Blaubart, „oder ich komm' hinauf!" – „Ich komme ja schon", erwiderte seine Frau, und dann rief sie: „Anne, meine Schwester Anne, siehst du nichts kommen?" – „Ich sehe eine große Staubwolke auf uns zukommen", erwiderte die Schwester. „Sind es die Brüder?" – „Ach nein, liebe Schwester, es ist eine Schafherde." – „Willst du endlich herunterkommen?" brüllte der Blaubart. „Einen Augenblick noch", erwiderte seine Frau, und dann rief sie: „Anne, meine Schwester Anne, siehst du nichts kommen?" – „Ich sehe zwei Reiter auf uns zukommen", antwortete die Schwester, „aber sie sind noch sehr weit!" Und gleich darauf: „Gott sei Lob und Dank. Es sind die Brüder! Ich gebe ihnen Zeichen, so gut ich kann, damit sie sich beeilen."

Da schrie der Blaubart so laut, daß das ganze Haus erzitterte. Die arme Frau stieg hinab und warf sich ihm zu Füßen, in Tränen aufgelöst und mit zerrauftem Haar. „Es nützt Euch alles nichts", sagte der Blaubart, „Ihr müßt sterben." Er packte sie mit einer Hand bei den Haaren, mit der anderen hob er den Hirschfänger, um ihr den Kopf abzuschlagen. Die arme Frau blickte ihn an, Todesangst in den Augen, und bat ihn, ihr einen letzten Augenblick zu gewähren, damit sie sich sammeln könne. „Nein, nein", sagte er, „befiehl deine Seele Gott." Und er holte aus mit dem Arm... In diesem Augenblick wurde so laut an die Tür geklopft, daß der Blaubart kurz innehielt. Man öffnete, und zwei Reiter stürzten mit dem Degen in der Hand geradenwegs auf den Blaubart zu. Er erkannte die Brüder seiner Frau, den Dragoner und den Musketier, und ergriff sofort die Flucht, um sich zu retten. Aber die Brüder blieben ihm auf den Fersen und stellten ihn, bevor er die Freitreppe erreichen konnte. Sie durchbohrten ihn mit ihren Degen und ließen ihn tot liegen.

Die arme Frau war fast so tot wie ihr Mann. Sie hatte nicht mehr die Kraft, um sich aufzurichten, um ihre Brüder zu umarmen.

Es stellte sich heraus, daß der Blaubart keine Erben hatte, und so fiel sein ganzer Reichtum seiner Frau zu. Einen Teil davon verwendete sie dazu, ihre Schwester Anne mit einem jungen Edelmann zu vermählen, den sie seit langem liebte, von einem anderen Teil erwarb sie für ihre beiden Brüder den Hauptmannsrang, und den Rest brachte sie selbst einem höchst ehrenwerten Mann mit in die Ehe, der sie die schlimme Zeit vergessen ließ, die sie mit dem Blaubart verbracht hatte.[2]

Die Opfer-Aggressor-Thematik

Blaubart ist deutlich Aggressor, die junge Frau das Opfer.

Wie haben Sie sich Blaubart vorgestellt? Jeder Mensch hat ein eigenes Bild, und diese Bilder sind in Ordnung. Man kann natürlich realitätsnah sich einen blassen Mann mit seinem schwarzblauen Bart vorstellen, aber man kann sich auch ganz andere Bilder vorstellen. Es gibt ja ganz verschiedene Blautöne. In unserer Imagination haben wir eine große Freiheit der Vorstellung.

Was aber soll der blaue Bart? Was ist seine Funktion? Hervorstechende Körpermerkmale im Märchen haben im-

---

[2] Charles Perrault: Märchen aus alter Zeit, Buchschlag 1976.

mer auch eine Funktion. Die Farbe des Bartes ist unge-
wöhnlich, hat etwas Gespenstisches, er schafft Distanz.

Die jungen Frauen reagieren zunächst ablehnend, und
zwar nicht nur wegen des blauen Bartes, sondern auch
wegen der verschwundenen Frauen, von denen man sich
erzählt. Sie stehen vorerst zu ihrem ablehnenden Gefühl –
sie sind noch keine Opfer – vorerst. Blaubart hat nicht nur
einen blauen Bart, sondern er ist auch ungeheuer reich.
Offenbar hat er Titel und Würden zu vergeben. Das verführt. Volle acht Tage verbrachten die jungen Frauen auf
seine Einladung hin mit Spaziergängen, Tanz, Festmahl. Es
geschieht viel in dieser kurzen Zeit. Etwas Besonderes wird
da inszeniert, mit großem Tempo, viel Vitalität, mit einer
fast manischen Raserei, geschlafen wird nicht. Vielleicht
sind am Ende alle „blau".

Die Folge: die jüngste Tochter fand den Bart des Mannes
gar nicht mehr so blau. Sie ließ sich bestechen. Dieses
Moment spielt bei der Aggressor-Opfer-Thematik eine
wichtige Rolle. Die Distanz ist wesentlich verringert, sie
hat jetzt Anteil an Blaubart und an seinem Reichtum und
dem damit zusammenhängenden Lebensstil. Sie partizi-
piert an seiner Macht, an seiner Bedeutung. Sieht man diese Situation nun unter der Aggressor-Opfer-Thematik,
dann würde man sagen, daß der Blaubart zu Anfang wenig
Macht, und die jungen Frauen verhältnismäßig große
Macht hatten. Er sucht Nähe, sie wehren ihn ab. Das ist die
erste Phase – die Distanz.[3]

---

[3] Mario Jacoby – Verena Kast – Ingrid Riedel: Das Böse im Märchen, Fellbach 1981, S. 87 Anm. 5.

Daraufhin verführt er sie mit allem, was er hat – nicht mit dem, was er ist –, und jetzt nähert sich ihm die Jüngste in der Macht in etwa an.

In der dritten Phase – der Phase der Hochzeit und nach der Hochzeit – verändert sich das Verhältnis nochmals entscheidend. Es ist nicht so, daß der Aggressor immer Aggressor bleibt und das Opfer immer Opfer. Opfer und Aggressor können sehr leicht die Rollen vertauschen. Die Frau gewinnt zunächst noch durch die Identifikation mit seiner Macht an Bedeutung, diese ist aber in bezug auf ihr wahres Selbst kleiner geworden. Sie ist nicht mehr bei sich, sie hat ihr Gefühl verraten. Der Mann mag noch so reich sein, der blaue Bart, der wohl gespenstisch anmutete, der Angst auslöste und dadurch Distanz erzwang, hat sich keineswegs verändert, auch wenn er ihr weniger blau zu sein schien. Sie bringt aber ihr berechtigtes, mißtrauisches Gefühl zum Schweigen und verrät sich selbst. Sie verliert also an wirklicher Macht, die man natürlicherweise hat und die man, wenn man mit sich selbst im Lot ist, auch nicht mißbrauchen muß. Aber von der Welt der äußerlichen Bedeutung her gesehen ist sie außerordentlich mächtig. Die Identifikation mit dem Angreifer gibt eine vermeintliche Größe. Eine solche „Identifikation mit dem Angreifer" ist auch ein bekannter Abwehr- oder Bewältigungsmechanismus: Ängstigen wir uns vor jemandem, dann können wir seinen Stand- und Gesichtspunkt übernehmen, uns selber dabei verraten und dabei vorübergehend unser Selbstwertgefühl stabilisieren, weil wir ja vermeintlich mit dem Starken einig gehen – wir sind identifiziert mit dem Angreifer.

Dazu ein Beispiel: Sie sind in einer Männerrunde die einzige Frau. Die Männer sagen scheinbar anerkennend: „Gut, daß wir dich da haben, denn mit den Weibern kann man ja sonst doch nichts machen." Wenn Sie diesen Satz stehenlassen oder sich gar für das Kompliment bedanken, dann identifizieren Sie sich mit den Angreifern. Wenn Sie so reagieren, dann, um vermeintlich gut angesehen zu sein. Sprechen Sie das Problem an, dann werden sie kritisiert, vielleicht als eine ganz schreckliche Emanze abgestempelt. Sie haben dann an Ansehen verloren, aber Sie haben sich selber nicht verleugnet und verraten. Sie verlieren jedoch viel Macht und Ansehen in den Augen der Angreifer.

Die Identifikation mit dem Angreifer, auf die wir noch eingehen wollen, ist eine zentrale Problematik bei der Aggressor-Opfer-Thematik.

Um zu verhindern, daß man ein Opfer wird, kann man sich eine vermeintliche Größe zulegen. Das Erlangen dieser vermeintlichen Größe erfordert oft, daß man sich von sich selber entfernt. Und das ist bereits ein erster Schritt in Richtung der Opferposition. Vom Märchen her gesehen: Die Distanz besteht nicht mehr zum Blaubart, sondern von der Frau her gesehen zu sich selber.

Der Weg aus der Opferposition

Beschäftigen wir uns mit der Schlüsselszene: Nach einem Monat sagt der Blaubart zu seiner Frau, er müsse verreisen. Gleich kommen alle Freundinnen zu Besuch und durchsuchen das ganze Haus. Eine ungeheure Neugier bricht sich Bahn. Die Frau vom Blaubart ist sehr ungeduldig, in das ihr verbotene Gemach zu kommen. Sie beeilt sich so sehr, daß sie sich beim Hinuntergehen schon zwei-, dreimal fast den Hals gebrochen hätte. In diesem Moment ist sie sicher nicht das Opfer von Blaubart, höchstens das Opfer ihrer Ungeduld und ihrer Neugierde. Im Gegenteil: für diesen Moment ist sie von außen gesehen die Herrin, denn sie hat die Macht, eine ungeheure Macht. Sie hat etwas zu zeigen, und sie hat auch die Schlüsselgewalt.

Verbotene Kammern im Märchen bezeichnen jeweils eine Tabuzone. Dieses Tabu muß gebrochen werden, damit es zu einem weiteren Entwicklungsschritt kommen kann.[4] Der Tabubruch ist sozusagen ein glücklicher Sündenfall, der im Märchen zwar jeweils geahndet wird, aber dennoch die Öffnung auf eine andere, bessere Zukunft hin bedeutet. Wir haben uns daran gewöhnt, daß im Märchen regelhaft das Tabu gebrochen wird, man würde sich wundern, würde es nicht gebrochen. Dennoch wird der Tabubruch meistens schwer geahndet. Wer ein Tabu bricht, muß dafür mit dem Einsatz der ganzen Persönlichkeit, des ganzen Lebens bezahlen. Ein Tabubruch verändert das Leben total. Er erfor-

---

[4] Ingrid Riedel: Tabu im Märchen, Olten 1985.

dert einen totalen Einsatz aller Kräfte, um die ausstehende Veränderung herbeizuführen; denn es geht um die Integration von etwas, was bisher abgespalten war, „abgeschlossen", es geht um das Erkennen und Akzeptieren eines verbotenen Raumes.

Der Entwicklungsimpuls, dargestellt im Schlüssel, mit dem man eine verschlossene Türe öffnen, sich einen neuen Lebensraum eröffnen kann, kommt von Blaubart. Das Tabu-Zimmer symbolisiert das Weggeschlossene in diesem System. Der Schlüssel ist wirklich der Schlüssel zum zentralen Lebensthema der beiden. Worum geht es aber bei diesem Verdrängten, vielleicht sogar Abgespaltenen? Das Märchen erzählt, daß zunächst gar nichts zu sehen ist, weil die Läden geschlossen sind. Aber dann sieht man das Blut, und erst dann die toten Frauen. Angesichts der toten Frauen wird der Frau von Blaubart schlagartig klar, daß Blaubart Frauen tötet und sie tot aufbewahrt.

Blaubart ist ein Aggressor, seine Frau ein Opfer, und es geht bei dieser Auseinandersetzung um Leben und Tod – die Frau soll sterben. Offenbar hat Blaubart eine Beziehungssehnsucht, wird diese aber erfüllt, dann muß er die Frauen töten. Das heißt, daß er Angst vor Nähe hat, und deshalb zum Aggressor wird. Statt Hingabe also Destruktion. Oder anders verstanden: Benimmt die Frau sich selber wie Blaubart, identifiziert sie sich mit Blaubart, dann gibt es tote Frauen. Dann werden weibliche Seiten an ihr brutal gemordet.

Sie hätte angesichts der toten Frauen schreiend fliehen können, doch dies tut sie gerade nicht. Sie ist davongekommen und gedenkt dies auch weiter zu tun. Kaum hat sie die verbotene Kammer geöffnet, kommt Blaubart zurück.

Betrachten wir die Aggressor-Opfer-Thematik. Blaubart fragt nach dem bestimmten Schlüssel. In diesem Moment ist er ganz klar der Aggressor und sie das Opfer. Und es geht um Leben oder Tod: entweder wird die Frau getötet, oder sie schafft es, Blaubart zu eliminieren. Blaubart ist einer, den man eliminieren muß. Man kann Destruktivität – und die verkörpert er – lange aushalten in der Hoffnung, daß es irgendwann besser wird, die Destruktivität verschwindet, in der Sprache der Märchen: daß der Destruktive erlöst wird. Diese Hoffnung irrt. Destruktivität wird sehr viel öfter zum Verschwinden gebracht, indem man im richtigen Moment sehr abgegrenzt und aggressiv dagegen angeht. Auch bei sich selber. Ein Blaubart ist auf die Dauer nicht auszuhalten. Er ist auch nicht wie der Frosch im Märchen vom Froschkönig an die Wand zu knallen. Aus einem Blaubart wird kein schöner Prinz. Derart destruktive Kräfte sind nicht zu wandeln.

Blaubart droht mit Tod, und da geschieht nun etwas Spannendes: Das Opfer übernimmt nicht total die Opferrolle. Zunächst schindet die Frau Zeit, angeblich Zeit, um zu beten. In Wirklichkeit verbindet sie sich mit ihrer Schwester Anne. Diese Schwester hat eine Verbindung zum grünen Gras und zur Sonne, die scheint, und zu den Brüdern, die hier erstmals erwähnt werden. Dies ist eine sehr wichtige Szene, denn sie zeigt, was man in so einer Situation machen kann. Zunächst besteht ja der Eindruck, daß der Aggressor-Opfer-Thematik nicht zu entkommen ist, daß nur der Tod bleibt.

Hilfreich werden jetzt indessen die tragenden Beziehungen aus der Zeit „vor Blaubart", die die Frau offensichtlich hat: die Beziehung zu Anne und zu den Menschen, zu denen diese wiederum eine Beziehung pflegt. Aber auch die Beziehung zu einer Macht, die nicht im Bereich des Blaubarts steht und die über das allgemein Menschliche hinausgeht, wird jetzt hilfreich. Das Beten kann man als Verbindung mit etwas Transzendentem verstehen. In einer anderen Variante des Märchens steht nicht die Schwester Anne oben, sondern der Bruder Jacques, ein kleiner alter Mönch. In noch einer anderen Variante ist sogar ein Herrgöttchen dort oben.[5] Es können also verschiedene Menschen um Hilfe angegangen werden – zum einen nahestehende Menschen aus der Vergangenheit, zum anderen Menschen, die mit etwas Göttlichem in Zusammenhang stehen. Mit dem Knüpfen dieser Beziehungen – sie nimmt damit Kontakt mit Seiten in ihr auf, die nicht durch diese Blaubartproblematik beeinträchtigt sind, die nichts mit ihrer Destruktivität zu tun haben und die sie auch in einen größeren Lebenszusammenhang stellen – macht sie den entscheidenden Schritt aus dem Opfer-Aggressor-System heraus. Nun imponiert sie in dieser Situation nicht nur als Opfer, sondern mehr noch als verzweifelte Gestalterin

---

[5] Vgl. Johannes Bolte – Georg Polivka: Anmerkungen zu den Kinder- und Hausmärchen der Brüder Grimm, Hildesheim 1963, S. 398 ff.

ihres Schicksals. Dennoch ist sie in Gefahr, das Opfer von Blaubart zu werden. Um ihr Leben selber in die Hand nehmen zu können, versucht sie in dieser Situation und in diesem Augenblick zu reaktivieren, was es sonst, außerhalb des Aggressor-Opfer-Systems, in ihrem Leben noch gibt.

In der Psychotherapie, die sich mit Traumata beschäftigt, versucht man, die traumatisierten Menschen daran zu erinnern, was sie prätraumatisch auch noch waren, was sie noch alles an Ressourcen haben. Das ist verhältnismäßig schwierig, weil das Trauma so stark im Vordergrund steht und Erinnerungen an ein besseres früheres Leben damit verstellt werden, die Lebenserfahrungen sind durch das Trauma also eingefärbt. Die Frage ist dennoch, was noch prätraumatisch vorhanden ist, auf das man zurückgreifen kann – es ist eine Frage nach den Ressourcen.

Im Zusammenhang mit unserem Märchen heißt das herauszufinden, welche Persönlichkeitsbereiche und Lebenserfahrungen von dieser Blaubart-Welt nicht in Mitleidenschaft gezogen sind. Es gibt offenbar eine Verbindung mit etwas Transzendentem, was über das alltägliche Leben hinausgeht, und es gibt eine Verbindung zur Schwester und über diese Schwester zur Natur und vielleicht auch zur Schönheit.

Über das Erschrecken – als sie die Leichen gesehen hat – ist sie wieder zu sich gekommen, hat sie einen heilsamen Bewußtseinsschock über ihre Situation erlitten.

Das Opfer kommt letztlich über die schreckliche Erkenntnis, daß es ein Opfer ist, zur Besinnung, und damit wird neues Handeln möglich. Denn die getöteten Frauen, die sie sieht, sind auch weibliche Aspekte von ihr, das heißt, wenn sie sich mit dem Blaubart zusammentut, dann werden viele ihrer weiblichen Lebensmöglichkeiten getötet, oder sie sind bereits tot. Im Märchen können allerdings Tote auch wiederbelebt werden. Wenn sie also dieser Macht-Bedeutungs-Geschichte verfällt, dann verliert sie viele Aspekte von sich selbst. Über dieses Erschrecken kommt sie zu sich selber, findet wieder mehr ihr eigenes Selbst und wird abermals sicher in ihrem eigenen Gefühl. Dadurch ist es ihr möglich zu reaktivieren, was sie außerdem noch in ihrem Leben hat und was nicht mit dieser Blaubart-Welt zusammenhängt. Dazu gehören auch die beiden Brüder. Interessant ist, daß diese mit ihren Berufen eingeführt werden: der eine ist Dragoner und der andere Musketier. Diese Brüder gehören zu ihr als Kinder derselben Mutter. Betrachtet man das Märchen auf der Subjektstufe, zeigt sich, daß sie nicht nur eine Blaubartwelt und einen Blaubartanimus als Persönlichkeitsanteile in sich hat, sondern auch diese Schwester Anne und die Brüder. Wie sind diese Brüder zu verstehen? Sie bringen Rettung, und sie sind handfeste Aggressoren, durch sie wird Blaubart zum Opfer: Er wird getötet. Hier wird im Bild ganz deutlich, was es heißt, mit Aggression gegen die Destruktion vorzugehen. Und die Frau, das ehemalige Opfer, ist jetzt erlöst. Jetzt ist die Opfer-Aggressor-Thematik beendet, und wir haben eine neue Situation. Die Frau verteilt nun die ganzen Reichtümer, sie ist nicht mehr gefangen in der Blaubartwelt. Sie kann jetzt diese Energie, die mit dem Blaubart-Komplex verbunden war, nutzen, um den Brü-

dern etwas abzugeben, um die Schwester Anne zu verhei-
raten und um auch selber „einen höchst ehrenwerten
Mann" zu heiraten.

Es ist allerdings noch zu überlegen, aus welchem Grunde Blaubart aus der Aggressorrolle in die Rolle des Opfers
kommen konnte. Wollte er eliminiert werden? Kommt
hier letztlich ein Todeswunsch eines destruktiven Menschen zum Ausdruck? Ist der Tod das Mittel, damit das De-
struktiv-sein-Müssen aufhört? Wie ist diese Erlösung letztlich zu verstehen?

Als Protagonist, aus dessen Perspektive man dann das
Märchen betrachtet, wählt man zum Beispiel die Person,
die überlebt. Dieses Märchen betrachtet man also aus der
Perspektive der Frau, die dem Blaubart zunächst verfallen
ist, ihm dann aber entkommen konnte. Damit wird Blaubart zu einem Persönlichkeitsanteil von ihr, den sie mit
Recht fürchtet und gegen den sie entschlossen mit ihren
eigenen Ressourcen angeht; das heißt, sie versucht diese
Seite in sich zu eliminieren. Die Reichtümer, die der
Blaubart hat, ermöglichen ja den anderen ein sehr viel be-
quemeres Leben und sogar eine Paarbeziehung. Das heißt,
es gibt nichts Destruktives, das, einmal erkannt und eliminiert, nicht auch gute Seiten hätte. Auch im Alltag ist
es so: würde ein solcher Blaubart-Komplex aufgelöst, würde soviel destruktives Denken und Handeln ganz entschieden geopfert, dann könnte die ganze Energie, die mit
den destruktiven Phantasien verbunden ist, für konstruk-
tive Phantasien und für lebensfördernde Pläne genützt
werden.

Man kann dieses Märchen auch als Veranschaulichung einer Paarbeziehung auffassen, in der der Blaubart über seine Frau herrscht. Es wäre eine sadomasochistische Kollusion.[6] Die Frau macht ihm dann durch ihr Verhalten zunächst einmal klar, daß es so nicht geht. Dann kommt nach dem Tod des Blaubarts der höchst ehrenwerte Mann, der sie die schlimme Zeit vergessen ließ. Das könnte der total gewandelte Blaubart sein. Das allerdings ist von der Psychodynamik her eher unwahrscheinlich. Aber als Phantasie ist es zu gebrauchen. Wir haben uns ja die Frage gestellt, warum der Blaubart plötzlich selber zum Opfer wird. Er wird Opfer, weil er einem Wiederholungszwang erliegt, er merkt nicht, daß jetzt anderes Verhalten angebracht wäre. Der Aggressor, der einem Wiederholungszwang erliegt, wird dann zum Opfer, wenn das Opfer nicht mehr Opfer bleibt. Oder überhaupt: er wird dann zum Opfer, wenn das Opfer aufhört, Opfer zu sein. Wenn das Opfer weiter Opfer bleibt, kann er ewig Aggressor bleiben. Nun könnte auch der Aggressor beschließen, nicht mehr Aggressor zu sein. Das tun die Aggressoren aber selten, denn sie haben vermeintlich die Macht und das Ansehen – und die gibt man doch nicht einfach auf.

---

[6] Jürg Willi: Die Zweierbeziehung, Reinbek 1975.

Die Identifikation mit dem Tod als dem unzerstörbaren Zerstörer

Man kann das Märchen auch in einen noch größeren Zusammenhang stellen. Man könnte auch zu dem Schluß kommen, daß ein System, das so sehr auf Macht, Reichtum und Ansehen basiert, weggeschlossene, verborgene Leichen hat. Es ist natürlich wichtig, daß man diese weggeschlossenen Leichen sieht; wenn nicht, würde Blaubart immer reicher, und die Leichen würden mehr und mehr. Die Leichen sind allesamt Frauen, es geht also darum, daß die Frauen aufdecken, daß sie die Opfer dieses Systems sind, und daß sie einen Weg finden, um nicht mehr die Opfer zu sein.

Bei Bolte-Polivka[7], einem Nachschlagewerk, in dem Varianten des gleichen Märchentypus verglichen werden, wird Blaubart unterschiedlich geschildert. In einem italienischen Märchen hat er eine silberne Nase, und in einem schwedischen Märchen hat er eine goldene Nase und einen blauen Bart. Es zeichnet ihn aber immer etwas Eigentümliches, nicht Menschliches aus. Man stelle sich einmal vor, mit einer goldenen Nase herumlaufen zu müssen! In einigen Märchen frißt Blaubart Leichen. Daher stammt die Idee, er sei ein Totengott. Blaubart als Totengott würde für die Interpretation noch einmal etwas hergeben. Mary Williams[8] hat die These aufgestellt, daß der Tod auch als der

---

[7] Bolte-Polivka: Anmerkungen (s. Anm. 5) S. 409 ff.
[8] Mary Williams: The Fear of Death. In: J. Analyt. Psychol. 3, 1958, 157–165.

unzerstörbare Zerstörer gesehen werden könne und Menschen sich gerade mit diesem unzerstörbaren Zerstörer im sadistischen Verhalten identifizierten. Im sadistischen Verhalten sieht sie also letztlich einen Versuch, sich als unzerstörbaren Zerstörer zu sehen, das heißt aber auch, unsterblich zu sein. In diesem Zusammenhang ist auch auf einen Aufsatz von Hans-Joachim Wilke[9] hinzuweisen, der vertritt, Machtkomplexe könne man nur auflösen, wenn man akzeptiere, sterblich zu sein. In der Begegnung mit dem Tod wird Macht und Machtstreben ohnmächtig. Wenn wir erleben, daß wir sterblich sind, werden Machtgelüste relativiert. Etwas Ähnliches kann erlebt werden, wenn wir plötzlich merken, daß das, was wir für unsere Existenz jeweils als unabdingbar, als tragend ansehen, in unserem Leben nicht mitlebt. So erging es der Frau aus dem Blaubart-Märchen. Man kann dann zu Tode erschrecken, und meistens bangt man darum, ob noch genug Zeit bleibt, um das zu verwirklichen, was wirklich wesentlich ist im Leben. Und in der Sorge um die verbleibende Zeit zeigt sich auch die Sorge, ob es einem denn auch wirklich noch gelingen wird.

Was muß aber in einem Menschen vorgehen, daß er sich mit dem Tod als dem unzerstörbaren Zerstörer identifizieren muß? So etwas macht man ja nicht mutwillig. Man muß sich sehr ohnmächtig fühlen und mit diesem Gefühl nicht einverstanden sein. Und gerade aus dieser Ohnmacht

---

[9] Hans-Joachim Wilke: Autoritätskomplex und autoritäre Persönlichkeitsstruktur. In: J. Analyt. Psychol. 8, 1977, 33–40.

heraus entsteht dann der Anspruch, allmächtig zu sein. Die Allmacht, die sich in der Identifikation mit dem Tod als dem unzerstörbaren Zerstörer zeigt, kompensiert als wohl letzte Größenidee eine ungeheure Ohnmacht. Das zeigt sich übrigens symbolisch im Märchen in der Idee, daß man das Blut nicht abwischen kann, daß man es also nicht zum Verschwinden bringen kann. Das Blut erinnert an Leben und an Tod. Menschen sind sterblich – daran führt kein Weg vorbei. Je bewußter es einem ist, daß man sterblich ist, und je weniger man sich damit einverstanden erklären kann, desto gefährdeter ist man, sich mit dem Tod als dem unzerstörbaren Zerstörer zu identifizieren. Sterblich sind dann nur noch die anderen. Statt das Leben zu gestalten, so weit das in unseren Kräften liegt – denn das ist eigentlich die Antwort auf das Sterbenmüssen –, wird zerstört. Mit anderen Worten ausgedrückt: Von diesem Märchen her würde es heißen, wenn wir so destruktiv sind, wenn wir so zerstörerisch sind, dann sind wir mit dem Todesprinzip identifiziert.

Die Macht-Ohnmacht-Thematik in dem Märchen hat sehr viel damit zu tun, daß wir sterblich sind. Der natürliche Vorgang des Sterbenmüssens wird als etwas Destruktives erlebt; in dieser Sichtweise kann man nur Aggressor sein und sich mit dem Tod als dem unzerstörbaren Zerstörer identifizieren, oder aber man ist ein Opfer von ebendiesem Prinzip.

Es gibt noch eine dritte Möglichkeit: Die Frau im Märchen, die diese Identifikation mit dem unzerstörbaren Zerstörer überwunden hat, zeigt sie uns. Es bleibt die Frage:

Hat sie bewußt ihre Ressourcen aktiviert, oder war ihr Verhalten so etwas wie Ausdruck einer inneren Weisheit? Es gibt nämlich Situationen, in denen das Opfer mit großem Erschrecken feststellt, daß es ein sehr gefährdetes Opfer ist. Wenn eine große Ratlosigkeit und Ohnmacht erlebt wird, die nicht mehr verdrängt oder beschönigt werden kann, konstellieren sich oft helfende Kräfte in der Psyche. Plötzlich taucht eine innere Helferin oder ein innerer Helfer auf, wie hier im Märchen die Schwester und die Brüder. Weniger märchenhaft ausgedrückt: Plötzlich fällt einem noch etwas ein, das man machen könnte, oder es fällt einem eben ein, daß durchaus noch Ressourcen vorhanden sind.

Hier wirkt eine Dynamik, die uns in der Situation, in der wir Opfer sind, dazu bringt, zu überleben. Will man sich bewußt aus der Opferposition herausbegeben, dann ist zu überlegen, was reaktiviert werden muß, um nicht weiter Opfer zu sein, damit der Aggressor nicht mehr Aggressor sein kann. Dies ist eine unheimliche Anstrengung, etwas, das man fast nicht leisten kann. Das Märchen sagt, es kann auch genügen, darüber zu erschrecken, daß man Opfer ist, sich davon zu distanzieren, und dann zu schauen, was nun an Einfällen kommt.

Es geht aber nicht nur darum, sich als Opfer zu erkennen, es geht auch darum, sich in der eigenen Destruktivität, als Aggressor oder Aggressorin zu erkennen und sich diese Destruktivität aggressiv zu verbieten.

Die Konsequenz

Man ist in Gefahr, ein Opfer zu werden, wenn man die eigenen Gefühle verrät.

Wir haben aus dem Märchen Blaubart herausgearbeitet, daß man vor allem dann in Gefahr ist, zu einem Opfer zu werden, wenn man die eigenen Gefühle nicht wahrnimmt und sich mit den vermeintlich attraktiveren Werten des Angreifers identifiziert. Im Grunde genommen heißt das schon, daß man sich selber als wenig kompetent und wirksam beurteilt und sich daher mit der Macht eines anderen Menschen identifizieren zu müssen meint.

Begegnet man einem bedeutsamen Menschen, ist es viel schwieriger, die eigenen Gefühle und die eigenen Ansichten zu behalten, als wenn jemand nicht so sehr bedeutsam ist. Will man einem bedeutsamen Menschen gefallen, dann kann es passieren, daß man plötzlich das sagt, was der oder die eigentlich hören möchte. Natürlich wird in der Beziehung dann alles furchtbar langweilig. Intrapsychisch entspricht dem eine größere Entfernung von sich selbst: Denn die eigenen Gefühle nicht wahrzunehmen und auszudrükken, entfernt uns weiter von uns selbst. Je mehr wir uns mit den Werten des Angreifers oder der Angreiferin identifizieren, desto weiter entfernen wir uns von uns selbst. Wir haben festgestellt, daß die Frau aus dem Märchen durch das Erschrecken wieder mehr zu sich selbst gekommen ist. Es ist ein Erschrecken darüber, was bei dieser Haltung, die die eigenen Gefühle nicht ernst nimmt und die dazu führt, sich den Werten eines anderen Menschen einfach so anzugleichen und sie einfach zu übernehmen, zugrunde geht. Sie ist nicht nur Opfer; indem sie sich nämlich mit dem Angreifer identifiziert, ist sie selber auch Angreiferin, greift sich selber in ihrem Sosein an.

Blaubarts Frau kann sich aus der Opfer-Aggressor-Dynamik befreien. Wir haben festgestellt, daß die Frau gleichzeitig im System war (sie war ja immer noch Opfer) und auch außerhalb des Systems. Sie war also zum Teil aus dem System ausgestiegen, indem sie alle Ressourcen aktivierte, oder sich alle Ressourcen in ihr aktivierten, die nicht in dieses Aggressor-Opfer-System hineingehörten. Dann sind die beiden Brüder, der Musketier und der Dragoner, gegen den destruktiven Blaubart vorgegangen. Das Märchen faßt die notwendige Haltung im Bild: mit kämpferischer Entschlossenheit gegen die Destruktion vorzugehen. Eine Aggressor-Opfer-Dynamik hört dann auf, wenn das Opfer nicht mehr mit dem Opferstatus identifiziert bleibt. Das ist aber nicht so einfach: die Grandiosität, die in der Rolle des Aggressors, in der Rolle der Aggressorin steckt, steckt letztlich auch in der Rolle des großartigen Opfers. Es geht darum, sich weder als Opfer noch als Aggressor zu gebärden, weder in der Ohnmacht noch in der Macht zu verharren, sondern zu gestalten, was denn gestaltbar ist.

Aggression und Ärger

Im folgenden werde ich den Begriff „Aggression" genauer bestimmen und im Anschluß daran den Begriff des Aggressor- und Opferstatus etwas aufweichen, um ihn in einem weiteren Schritt wieder genauer bestimmen zu können.

Aggression kommt vom lateinischen Wort aggredior. Es hat zunächst einen friedlichen intentionalen Aspekt der Annäherung und meint einfach: sich an einen Ort begeben, an etwas herangehen, anfangen, in Angriff nehmen. Es gibt eine Steigerung in dieser Bedeutungskette, immer mehr Drängen steckt in diesem Wort. Es wird dann zunehmend feindseliger in der Bedeutung von angreifen, überfallen, zerstören in feindlicher Absicht. In diesem Zusammenhang ist dann von Destruktion zu sprechen. Ich unterscheide eine nicht destruktive Aggression von einer destruktiven Aggression, die ich Destruktivität nenne. Die Intentionalität des entschlossenen Herangehens kann man nicht einfach als destruktiv bezeichnen, das Zerstören in feindlicher Absicht sehr wohl.

Bei der Aggression spielt die Intentionalität eine große Rolle: Wir haben eine Absicht, wir wollen etwas bewirken, aber etwas stellt sich diesem unserem Wollen entgegen, und wir werden ärgerlich, wütend. Diesen Affekt setzen wir möglicherweise in feindseliges Handeln um. Sie können dies an einem einfachen und harmlosen Beispiel selber feststellen: Wenn Sie rasch laufen, einem für Sie attraktiven Ziel entgegen, und sich Ihnen dabei jemand in den Weg stellt, dann werden Sie ärgerlich oder zumindest ungehalten. Wir fühlen uns in die Schranken gewiesen. Je nach Temperament werden wir mehr oder weniger oder gar nicht wütend. Unsere Wutanfälle haben eine gewisse Typik, die von Mensch zu Mensch verschieden ist. Sie können wahrscheinlich von sich sagen, ob Sie einen Wutanfall über Wochen aufbauen, diesen dann langsam oder schnell entladen, an einem richtigen oder an einem falschen Ort, oder ob Sie eine Person sind, die hochgeht und dann zehn Minuten später überhaupt nicht mehr versteht, warum sie so ausrasten konnte. Im Umgang mit der Wut zeigt sich die je eigene Typik. Was man dabei dann sagt oder tut, ist unter den Menschen recht stereotyp.

Werden wir in unserer Absicht in einer Situation gebremst, die für uns wirklich wichtig ist, so werden wir aber nicht nur ärgerlich oder wütend. Eine solche Erfahrung hat auch eine Rückwirkung auf unser Selbstwertgefühl. Wenn ich also etwas möchte, vielleicht etwas erreichen möchte, und ich werde dann gehindert, so wird irgendwann die Frage auftauchen: Wer bin ich denn eigentlich, daß man mich einfach an dem hindern kann, was ich will? Diese Frage wiederum wirkt zurück auf das Lebensgefühl. Sie haben eine wunderbare Idee, die Sie beflügelt. Sprechen Sie mit anderen Menschen darüber, dann runzeln diese die Stirn und bemerken, daß Ihre Idee nicht realisierbar ist, zu teuer usw. Sie werden ärgerlich werden, möglicherweise diesen Ärger auch durch Enttäuschung abwehren. Sie werden nicht mehr das gute Selbstwertgefühl haben, das Sie gerade noch ausgezeichnet hat, und Sie werden auch nicht mehr das beflügelte Lebensgefühl spüren. Das gilt besonders für den zwischenmenschlichen Bereich. Die Erfahrung, etwas bewirken zu wollen, es aber nicht bewirken zu können, löst Ärger aus, der mit der Verunsicherung im Selbstwert verbunden ist. Aber auch wenn wir beschämt werden, wenn wir in unserem Selbstwert direkt gekränkt werden, kann das Ärger auslösen. Gibt jemand zum Beispiel unverhohlen seiner Verachtung für uns Ausdruck, dann fühlen wir uns gekränkt, wir werden ärgerlich oder depressiv. Alle zwischenmenschlichen Erfahrungen, die uns das Gefühl geben, nicht in Ordnung zu sein, beeinträchtigen unser Selbstwertgefühl, dies um so mehr, wenn wir die entwertende Interaktion als beabsichtigt verstehen, und wir werden in der Folge offen ärgerlich oder wenden den Ärger gegen uns selbst. In unserer Phantasie bilden sich in der Folge dann die sogenannten Ärgervorstellungen.

Ärgervorstellungen

Ärgervorstellungen sind mehr oder weniger visuell sichtbare Bilderfolgen, Imaginationen, manchmal auch Geschichten, die wie Filme vor unserem inneren Auge ablaufen. In diesen Ärgerphantasien stellt man sich vor, was man jetzt am liebsten tun würde.

Erinnern Sie sich an eine Situation, in der Sie so richtig wütend waren, und vergegenwärtigen Sie sich, was Sie in dieser Situation gedacht oder was Sie vor Ihrem inneren Auge gesehen haben: Jetzt würde ich am liebsten...

Und das, was wir am liebsten würden, ist meistens nicht sehr salonfähig. Daher folgt oft sofort eine kognitive Bewertung. Wenn man z. B. in der ersten Wut sagt: „Ich würde ihn jetzt am liebsten umbringen", dann verwirft man diesen Gedanken rasch, denn die Ausführung kommt für uns nicht in Frage. Aber eingefallen ist es eben in der Situation der Wut dennoch. Oder man verwirft die Idee nicht sofort, sondern man stellt sich vor, welche Gegenaggression man mit der eigenen feindseligen Handlung auslösen würde. Es setzt ein komplexer kognitiver und imaginativer Prozeß ein: Ich habe eine Ärgerphantasie, die ich verwirklichen möchte, ich stelle mir vor, daß ich mich dann besser fühlen würde, daß ich so etwas wie Genugtuung erleben würde und mein Selbstwert dann auch wieder reguliert wäre. Ich stelle mir aber auch vor, was das Ausführen meiner Ärgerphantasie möglicherweise bei den anderen Menschen auslöst, mit wieviel Strafe ich zu rechnen habe, mit wieviel Vergeltung, mit wieviel Rache – und dann revidiere ich meine Ärgerphantasie. Dieser Prozeß geht bis zu einem Punkt, wo ich relativ sicher bin, daß ich keinen zu großen Ärger mit dem Realisieren meiner Ärgerphantasie haben werde, möglicherweise aber werde ich diese Ärgerphantasie gar nicht mehr in die Tat umsetzen müssen, die imaginative Beschäftigung damit hat genug entlastet und den Selbstwert stabilisiert.

Die Ärgerphantasien bilden einen Bereich, in dem wir unbewußt kreativ sind. Nach längerem Abwägen der Wirkung der jeweiligen Ärgerphantasie und der zu befürchtenden Gegenreaktion finden wir zu einem Kompromiß, der uns stimmig erscheint und dessen mögliche Folgen wir uns zumuten können und wollen. Erst dann – wenn überhaupt – erfolgt das feindselige oder das aggressive Handeln. Gelegentlich genügen auch die Phantasien. Oft ist die Ärgervorstellung auf den Menschen gerichtet, der Wut erregt. Sie ist aber auch gar nicht so selten auf sich selber gerichtet: Warum habe ich nur...? Oft ist es so, daß bestimmte Menschen entweder immer eine Wut auf die anderen oder immer eine Wut auf sich selbst haben. Dies für sich selbst herauszufinden ist wichtig, um die Opfer-Aggressor-Thematik besser zu verstehen.

Eine Übung

Entspannen Sie sich, und suchen Sie einen Ärger, den Sie in letzter Zeit gehabt haben und den Sie noch gut erinnern. Sie müssen vielleicht ein bißchen suchen. Fragen Sie sich genau, was es war, und versuchen Sie einmal herauszufinden, welches die erste spontane Ärgervorstellung war. Was hätten Sie am liebsten getan? Dann fragen Sie sich, warum Sie es nicht getan haben und wie sie dann mit der Ärgerphantasie weiter umgegangen sind.

Ein jüngerer Mann erzählte in diesem Zusammenhang, er habe sich sehr geärgert, weil ein Kollege seinen Vorschlag, wie ein freier Abend gestaltet werden könnte, als „kindliches Vergnügen" abgetan hätte. Zuerst habe er daran gedacht, ihm die Senfsauce über die ondulierten Haare zu schütten, da sei ihm eingefallen, daß er sich auf keinen Fall so gekränkt zeigen könne. Er habe sich dann dazu entschlossen, ihn nicht mit seinem Auto nach Hause zu bringen, diesen Gedanken verwarf er ebenfalls, und er entschloß sich, einfach jeden noch so blöden Vorschlag von diesem Kollegen enthusiastisch aufzunehmen, aber keinerlei Arbeit dafür zu übernehmen. Aus der Ärgerphantasie wurde eine relativ elegante Rachehandlung.

Beschäftigen wir uns mit Ärgerphantasien, dann spüren wir, welch vitale Emotion die Aggression ist. In ihr liegt eine große Energie. Ärger ist etwas, das uns ungeheuer aktivieren kann.

Wenn es Ihnen gelungen ist, sich an eine Ärgerphantasie zu erinnern, dann könnten Sie sich jetzt fragen, ob
diese Vorstellung typisch oder atypisch für Sie ist. Haben
Sie sich entschlossen, Aggressor bzw. Aggressorin zu sein,
oder haben Sie sich entschlossen, mehr auf die Opferseite
zu gehen? Auf der Opferseite wäre man zum Beispiel einfach sehr gekränkt, traurig, oder man würde im unpas-
sendsten Moment unpäßlich werden usw. Verhalten Sie
sich oft so?

Es ist aber gar nicht so einfach, die Ärgervorstellungen
zu fassen. Hat man sich einmal von der Idee befreit, daß
man selber keine Ärgervorstellungen hat, dann ist es sehr
spannend, herauszufinden, was einem alles so in den Sinn
kommt, wenn man sich ärgert, und wie kreativ man in den
Ärgerphantasien ist.

Aggression als Grenzverschiebung

Die erste wichtige Funktion der Aggression ist das Setzen
und das Verschieben von Grenzen. Mit Hilfe der Aggression bestimmen wir immer wieder unsere Grenze und unseren jeweiligen psychischen Raum. Für die Mitmenschen
ist das ebenfalls die Grenze, die wir ziehen, den Raum, den
wir beanspruchen. Hier entstehen natürlich Konfliktmög-
lichkeiten, etwa in der Unterscheidung zwischen „meinem" Machtbereich und „deinem" Machtbereich, aber
auch „meinem" Wirkungsbereich und „deinem" Wirkungsbereich. Grenzen können respektiert oder auch verletzt

werden. Diese Grenzsetzungen und Grenzverletzungen haben stets auch einen Zusammenhang mit unserem Selbstwertgefühl. Wir Menschen haben eine große Freude daran, etwas zu bewirken.[10] Haben wir das Gefühl, nirgends irgend etwas bewirken zu können, dann kümmern wir vor uns hin. Es muß nicht viel sein, was wir tatsächlich bewirken, wichtig ist das Gefühl, etwas bewirken und verändern zu können. Wenn unser Wirkungskreis enorm eingeschränkt wird, dann erleben wir, daß wir uns in der Vitalität, in der Lebenskraft, vielleicht sogar im élan vital, gebremst fühlen, und das macht uns zumindest ärgerlich, wenn nicht sogar depressiv. Wir werden also immer wieder intuitiv versuchen, unsere Grenzen, innerhalb deren wir etwas bewirken, etwas zu erweitern, die Grenzsetzungen, die uns von außen aufgezwungen werden, nicht zu akzeptieren, die Grenzen zumindest etwas hinauszuschieben. Und das tun wir mit einer aggressiven, entschlossenen, allerdings nicht notwendigerweise feindseligen Überlegung oder Handlung.

Die erste sehr wichtige Funktion der Aggression ist also, sich abzugrenzen. Es ist sinnvoll, sich selbst zu fragen, wie man sich abgrenzt. Wir müssen uns ja alle immer wieder abgrenzen. Eine zweite Funktion von Aggression ist, daß wir unsere Grenzen verteidigen: Bis hierher und nicht weiter. Oder daß wir zu jemandem sagen: „Ich nehme zwar die Beschwerde an, aber nicht auf diese Weise." Diese Abgren-

---

[10] Mario Jacoby: Das Leiden an Gefühlen von Ohnmacht in der Psychotherapie. In: Helga Egner (Hg.): Macht, Ohnmacht, Vollmacht, Zürich und Düsseldorf 1996.

zungen sind stets verbunden mit einer bestimmten Gestik. Oft markieren sie die Körpergrenzen. Achten Sie einmal darauf, wie weit Sie Ihre Hände vom Körper entfernen, um sich abzugrenzen. Man kann auch neue Grenzen setzen; und wird man expansiver, indem man neue Räume einnehmen und besetzen will, dann hat das fast immer Friktionen zur Folge. Meistens sind dann auch die anderen Menschen dazu gezwungen, ebenfalls eine Grenzbereinigung vorzunehmen.

Dieses gegenseitige Sich-Abgrenzen ist ein dynamischer Prozeß zwischen verschiedenen Menschen, und solange dieser Prozeß mit der nötigen Rücksichtnahme und Geschmeidigkeit vonstatten geht, verläuft er weitgehend unbewußt. Man kann Grenzen aber auch zerstören. Willentlich, durch sogenannte Übergriffe – damit dringt man ungehörigerweise in das Leben eines Menschen ein, verletzt auch sein oder ihr Selbstkonzept – oder eher zufälligerweise, indem man eine Grenze eines anderen Menschen durch das Setzen einer neuen eigenen Grenze stört, vielleicht sogar zerstört.

Daß wir uns täglich abgrenzen, fällt nur dann auf, wenn jemand unsere Grenzen sehr deutlich übertritt. In der Regel sind wir nicht grenzbewußt. Immerhin ist das Thema Grenzüberschreitung in den letzten Jahren als Thema präsenter geworden. Bei schweren interpersonellen Grenzüberschreitungen sprechen wir von Übergriffen, etwa von dem sexuellen Übergriff.

Es gibt indessen viele kleinere Grenzüberschreitungen, die den Alltag erschweren. So gibt es zum Beispiel Menschen, die kommen einfach zu nahe an einen heran, so nah, daß man immer weiter zurückweicht, bis man dann mit dem Rücken an der Wand steht und sich nur noch seitlich entfernen kann. Oder man bleibt eben mit dem Rücken zur Wand stehen, in einer verletzlichen Position. Man fühlt sich von ihnen bedrängt und in den eigenen Grenzen nicht respektiert.

Oder es gibt Menschen, die haben eine gewisse Art, einen einzuwickeln. Die gehen einem irgendwie unter die Haut, ohne daß man dazu ein Einverständnis gegeben hätte. Diese Menschen merken das meistens in der Regel gar nicht, sie haben sich seit jeher so benommen und werden für sie unverständlicherweise immer wieder mehr oder weniger aggressiv in die Schranken gewiesen. Auch in dieser Situation haben wir das Gefühl, wir müßten unsere Grenzen verteidigen, was gelegentlich gar nicht so einfach ist: Denn die Haut erleben wir als wesentliche Grenze.

Spielerisch stecken wir Grenzen in vielen kommunikativen Situationen ab. Man spricht miteinander, spürt, daß man in eine etwas gefährliche Zone kommt, geht nicht mehr weiter im Gespräch und beläßt zum Beispiel ein Geheimnis im dunkeln. Oder aber man überschreitet die Grenze dann erst recht ein wenig und hört erst auf, wenn man spürt, daß man dem anderen Menschen wirklich zu nahe gerückt ist. Grenzziehung ist auch die Bestimmung von Nähe und Distanz. In diesem Zusammenhang würde ich aber nie von Aggressor und Opfer sprechen, sondern hier findet eine spielerische Auseinandersetzung statt, die man wahrscheinlich noch nicht einmal bewußt bemerkt: Es ist ein Spiel an der Grenze und ein Spiel mit Grenzen. Es könnte grenzbewußter machen, gelegentlich enthüllt es auch etwas, was normalerweise nicht anderen Menschen eröffnet wird; manchmal hilft es einem Menschen, sich in einer guten Weise mehr zu öffnen.

Neben der lustvollen Funktion der Aggression im Zusammenhang mit Grenzsetzung gibt es aber auch die zerstörende Funktion. Destruktion kann man auch als Zerstörungswut bezeichnen: die schönen Fremdwörter verstellen gelegentlich den Blick auf die Wirklichkeit. Der Ausdruck „Zerstörungswut", also eine Wut, die zur Zerstörung aktiviert, macht anschaulicher, worum es geht, als der Ausdruck „Destruktion": Es schwingt viel mehr Wut mit. Zerstörungswütig werden wir dann, wenn wir Grenzen wirklich zerschlagen müssen und wenn wir sehr viel Angst haben. Hier kommt nun das Thema Selbstvertrauen wieder ins Spiel. Wer das Selbstvertrauen hat, selbst etwas bewirken zu können, Grenzen setzen zu können, sich Respekt für die eigenen Grenzen verschaffen zu können, der oder die muß eigentlich nicht zerstören. Zerstören müssen wir dann, wenn wir Angst haben, nichts bewirken zu können, wenn wir befürchten, daß die Grenzen, die uns beeinträchtigen, unverrückbar sind. Dann werden wir entweder zerstörungswütig werden oder aber den anderen Menschen ganz starre Grenzen entgegensetzen. Menschen, die starre Grenzen aufrechterhalten, wenn man ihnen zu nahe kommt, können plötzlich eine gewisse Zerstörungswut zeigen. In den siebziger Jahren hat es Therapiemethoden gegeben, die jeweils den „Panzer der Menschen" knacken wollten. Ein solcher „Panzer" gilt als eine Folge der harten Grenzsetzungen. Unterdessen ist es klargeworden, daß unter geknackten Panzern sich meistens sehr versehrte Haut befindet. Es ist besser, zunächst die Haut heilen zu lassen und dann zu warten, bis der Panzer von selber weggelassen werden kann. Das heißt, es ist wesentlich zu verstehen, daß hinter diesen starren Grenzziehungen ein labiler Selbstwert verborgen ist, vielleicht auch zu viele Verwundungen, und daß dieser Selbstwert zunächst stabilisiert werden muß, bevor die starren Grenzen geopfert werden können. Menschen, die sehr starre Grenzen behaupten, provozieren indessen zu Grenzüberschreitungen. Damit möchte man den Menschen hinter der starren Grenze treffen.

In der Intention der Grenzverschiebung findet eine dynamische Auseinandersetzung zwischen Widerstand und Angriff statt. Wenn kein Widerstand da ist, dann läuft auch ein Angriff ins Leere. Dann kann man auch nicht erfahren, wo die eigenen Grenzen sind. Das spielt eine wichtige Rolle auch in der Erziehung: Kinder müssen Grenzen erleben können. Und auch Erwachsene müssen Grenzen erleben. Wenn wir einander keine Grenzen setzen, dann können wir diese Intention der Grenzverschiebung nicht entwikkeln. In dieser Auseinandersetzung geschieht Selbstbehauptung. Wenn ich weiß, daß ich mich selber behaupten und auseinandersetzen kann, gibt mir das ein verhältnismäßig gutes Selbstwertgefühl. Mit anderen Worten: Ich kann selber entscheiden, wo meine Grenze ist. Damit ist ein Gefühl von Sicherheit und Würde innerhalb der selbst gesetzten Grenzen verbunden. Deshalb reagieren wir immer so ungeheuer aggressiv, wenn Menschen unsere Grenzen überschreiten. Die meisten von uns bemerken dies aber nur, wenn andere bei ihnen die Grenze überschreiten. Es ist viel schwieriger, sich klarzuwerden, wo man selber die Grenzen der anderen überschreitet. Wo die anderen einem ins Gehege kommen, zu nahe kommen, also an die Haut gehen oder darunter, das merken wir in der Regel recht früh. Aber wenn wir uns anderen gegenüber genauso verhalten, so tun wir dies in der Regel relativ unbewußt. Allerdings bekommen wir natürlich Rückmeldungen, wenn wir uns so verhalten haben.

In diesem Bereich der Aggression, im Bereich der spielerischen Auseinandersetzungen, der Selbstbehauptung in der Auseinandersetzung oder Abgrenzung innerhalb der Beziehung, gibt es keine wirklichen Angreifer und keine wirklichen Opfer. Der Übergang ist aber fließend. Funktioniert das Zusammenspiel nicht mehr, ist es kein dynamisches Miteinander mehr, dann haben wir plötzlich Angreifer und Opfer. Die Aggressionshemmung bewirkt nämlich, daß die dynamische Auseinandersetzung nicht funktioniert. Infolgedessen hat jemand zum Beispiel entweder eine relativ starre Grenze, da kommt niemand mehr an die betreffende Person heran. Oder alles geht ihr schnell unter die Haut. Keine Reaktion ist mehr möglich, allenfalls noch eine passive Aggression etwa in dem Sinn, daß man sagt, daß man einfach nicht verstanden hat oder nichts gehört hat, obwohl man durchaus verstanden oder gehört hat.

51

Übung

Entspannen Sie sich. Stellen Sie sich eine Situation vor, in der Sie sich abgrenzen oder in der Sie Ihre Grenze verteidigen oder in der Sie Grenzen von jemandem überschreiten.

Nehmen Sie einfach wahr, was Ihnen dazu einfällt. Welche Situationen fallen Ihnen ein, welche Gefühle verbinden Sie damit?

Beim Sich-Abgrenzen fällt einer Frau ein, daß ihr Mann die Angewohnheit hat, oft zu sagen: Wir fühlen uns in dieser Situation überfordert. Sie stellt sich vor, daß sie ihm sagt: Du fühlst dich überfordert, ich überhaupt nicht, ich fühle mich herausgefordert. Diese imaginative Aktion ist verbunden mit einem Gefühl der Befreiung, der Autonomie, einem Zuwachs an einem Gefühl des Selbstseins.

Ihre Grenzen verteidigte sie, als sie einem Betrunkenen, der sie unflätig beschimpfte, ruhig, aber mit großer Deutlichkeit sagte, er solle sofort schweigen, oder sie werde Hilfe holen. Zuerst spürte sie Angst, dann wunderte sie sich, daß sie so mutig war und nicht einmal die Polizei als Drohmittel in den Mund nahm.

Als Episode, in der sie eine Grenze überschreitet, fällt ihr ein, daß sie einen Brief von einer ihr nicht bekannten Firma, der an ihren zehnjährigen Sohn gerichtet war, geöffnet hatte. Sie schämte sich deswegen, rechtfertigte sich dessen sofort: Man hat doch eine Aufsichtspflicht.

Diese Übung sollte auf die Art des Abgrenzens auf-

merksam machen, wie wir sie normalerweise eher unbewußt praktizieren.

Typische Reaktionen auf Ärger

Je nachdem, wie man nun mit diesen aggressiven Grenzsetzungen umgeht, wird man leichter zu einem Opfer oder
eher zu einem Angreifer oder einer Angreiferin. Da diesen
Grenzsetzungen der Umgang mit Ärger vorausgeht, kann
man verschiedene typische Reaktionen auf Ärger unterscheiden; das heißt, Menschen gehen unterschiedlich mit
dem Ärger um, spüren ihn unterschiedlich, kontrollieren
ihn unterschiedlich und wehren ihn auch unterschiedlich
ab. Ich versuche im folgenden eine lockere Einteilung, die
man selbstverständlich differenzieren und auch ergänzen
könnte und die in der geschilderten Ausschließlichkeit im
realen Leben nicht so vorkommt.

Der Opfertyp

Der Opfertyp ist ein Konfliktvermeider oder eine Konflikt-
vermeiderin. Er ist ein Mensch, der sich eher zurückzieht.
Er ist ein Jasager, ohne unbedingt auch einverstanden zu
sein. Rempelt jemand diese Menschen an, dann entschul-
digen sie sich und werfen sich vor, zuviel Raum in dieser
Welt einzunehmen. Diese Menschen sagen von sich: „Ich
bin nicht in Ordnung, aber du bist in Ordnung." Unbewußt
ist in ihnen aber meistens auch die Gegentendenz zu fin-

den. Und dann heißt dieser Satz: „Nur ich allein bin in Ordnung, aber du bist nicht in Ordnung." Diese Haltung geben sie natürlich nicht zu, meistens auch nicht vor sich selber. Diese Menschen verschlucken den Ärger. Sie brauchen Sätze wie: „Du machst mich unglücklich." Sie sagen nie: „Du machst mich wütend." Oder: „Ich ärgere mich." Sie haben Schuldgefühle und entwickeln Selbstmitleid, aber sie erzeugen auch leicht Schuldgefühle. Sie vergiften die Atmosphäre mit Anschuldigungen, die nur diffus faßbar, aber nicht ausgedrückt werden. Sie ärgern sich angeblich nie, sie drücken den Ärger nicht aus, sie schlucken ihn hinunter und sind dafür voller Vorwürfe und Selbstmitleid. Ganz offensichtlich haben sie sehr viel Angst. Sie haben auch Angst, ihre aggressiven Vorstellungen in die Realität umzusetzen. Es sind Menschen, die in ihrer Kindheit von Autoritäten sehr bestimmt wurden, an die Schuldgefühle delegiert wurden und die früh gelernt haben, daß die anderen Menschen wichtiger sind als sie selbst. Bei der immer nötigen Anpassung an sich selbst und an die Mitmenschen steht die Anpassung an die Mitmenschen im Zentrum.

Diesem Typ begegnet man in der reinen Form eher selten, denn die meisten Menschen sind Mischtypen.

Der Angreifertyp

Der Angreifertyp wird als Neinsager oder als Neinsagerin gesehen. Er sagt von sich: „Ich bin in Ordnung und du nicht." Unbewußt gibt es auch hier eine Gegentendenz: „Die anderen sind in Ordnung, ich aber nicht. Ich werde aber alles dafür tun, daß niemand das merkt." Das zeigt sich besonders bei den Menschen, die auf eine Ärgeräuße-rung sofort in Wut geraten und gleich ernsthafte Drohun-gen ausstoßen. Wenn nur ein Ansatz zu einer feindseligen Handlung auszumachen ist, baut dieser Typ sich zu impo-santer Größe auf, selbst dann, wenn er körperlich nicht besonders groß ist, und greift seinerseits an. Ich betone hier absichtlich „er", denn bei den „sies" kommt dieser Typus nicht so oft vor. Er baut sich sofort auf und droht. Wenn man diesem Typ einen Vorwurf macht, wird man postwen-dend zehn Vorwürfe an den Kopf geworfen bekommen. Das ist der Wut-Droh-Typ. Man nennt ihn auch den choleri-schen Wuttyp, oder man spricht von einer explosiven Zornmütigkeit. Hier ist Wut die Abwehr von Angst, von Trauer, von Scham, von Hilflosigkeit. Man kann zwischen kalter und warmer Wut unterscheiden. Wer sofort droht und angreift, hat in der Regel eine warme Wut. Die kalte Wut äußert sich eher in Ironie, Zynismus und Sarkasmus. Der Angreifer kann wie der Opfertyp in der Kindheit von harten Autoritäten zu sehr bestimmt worden sein. Diese Menschen identifizieren sich aber mit dem Angreifer oder der Angreiferin, nicht mit dem Opfer. Sie lösen den Kon-flikt zwischen Anpassung an sich selbst und Anpassung an die Mitwelt dadurch, daß sie sich selber zum Zentrum aller Dinge machen.

Es gibt auch Menschen, die gelegentlich Opfer und gelegentlich Angreifertypen sind.

Die Mittelposition

Dann gibt es eine Mittelposition, die das Ideal bezeichnen würde. Das ist ein Mensch, der sagen kann: „Ich bin in Ordnung, und du bist auch in Ordnung." Menschen, die in dieser Haltung leben, haben in ihrem Leben meistens eine gewisse Geborgenheit erlebt. Sie haben ausreichend Interesse an sich selbst erfahren. Man hat ihnen das Gefühl gegeben, daß sie in Ordnung sind und um sie herum auch alles einigermaßen in Ordnung ist oder wieder in Ordnung gebracht werden kann.

Ärgert sich ein Mensch, der eher diesem Typus zugehört, so würde dieser den Ärger äußern, wäre möglichst humorvoll, hätte eine hohe Frustrationstoleranz, hätte wenig Mißtrauen und eine gute Wuttoleranz. Wuttoleranz heißt, die eigene Wut wahrnehmen zu können und sie nicht sofort in eine feindselige Handlung umsetzen zu müssen. Wuttoleranz meint also nicht, daß man die Wut gut verdrängen kann, sondern akzeptieren zu können, daß man gelegentlich immer einmal wütend wird.

Menschen, die „gut" erzogen worden sind, sich an viele Regeln halten, können oft ihre Wut nicht akzeptieren und mutieren so zum Opfertyp.

Es gibt in diesem Zusammenhang auch einen geschlechtsspezifischen Aspekt. Männer dürfen sich vom Rollenbild her gesehen eher ärgern als Frauen. Im Ausdrücken der Feindseligkeit zeigt sich dasselbe. Immerhin gilt die Gewalt der Männer heute nicht mehr als ein Zeichen von besonderer Männlichkeit, und es wäre gut, wenn Frauen weniger auf den Opfertyp hin sozialisiert würden, Männer weniger auf den Angreifertyp hin.

Die Idealposition ist freilich etwas, was es im Grunde genommen gar nicht gibt. In der Regel oszillieren wir zwischen Opfer- und Angreifertyp, und solange wir beide Möglichkeiten haben, sind wir allerdings weniger in der Gefahr, einseitig zum Opfer oder zur Angreiferin zu werden.

Der passive Aggressionstyp

Nach dieser Einteilung scheint noch alles klar zu sein. Man könnte sagen: Wer mehrheitlich auf die depressive Seite tendiert, ist eher ein Opfertypus. Wer mehrheitlich auf die aggressive Seite tendiert, ist eher ein Angreifertypus. Die Mittelposition kann zwischen beiden oszillieren. Nun gibt es allerdings einen dritten Ärgertyp. Das ist der sogenannte „passive Aggressionstyp". Menschen, die diesem Typ angehören, verhalten sich nicht aktiv aggressiv, aber sie sind in ihrer Wirkung auf andere aggressiv, sie bewirken, daß die Mitmenschen aggressiv werden, und delegieren damit letztlich die Aggression.

Wenn ich zu jemandem, der mit mir spricht, sage: „Ich rede nicht mehr mit Ihnen", dann setze ich eine klare Grenze. Diese Grenzziehung wird mit hoher Wahrscheinlichkeit als aggressiv erlebt. Spricht aber jemand mit mir, und ich gebe einfach keine Antwort, dann begehe ich keine offen aggressive Handlung, aber sie wirkt ungeheuer aggressiv. Man kann Menschen zur Weißglut treiben, indem man immer wieder sagt: „Ich verstehe nicht." Es wirkt auf den anderen aggressiv, denn schließlich spricht man doch die gleiche Sprache, versucht, in immer wieder anderen Versionen zu erklären. Der angesprochene Mensch versteht einfach nicht. Dies kommt gelegentlich auch in Therapien vor: „Ich verstehe Sie einfach nicht." „Ich würde Sie so gern verstehen, aber ich verstehe Sie einfach nicht." Oder es geschieht, daß der Angesprochene das Gesagte wiederholt, scheinbar um es besser zu verstehen, doch er wiederholt es immer leicht „daneben". Das „Mißverstehen" sieht dann so aus, als wäre es tatsächlich ein Mißverständnis. Die Person, die nicht versteht, beteuert, wie arg es ihr sei, daß sie aber nichts dafür könne und daß sie gerade jetzt so verwirrt sei, so schwer von Begriff. Damit appelliert sie an das Mitleid, aber eigentlich wird man aggressiv – und müßte doch Mitleid haben, oder doch nicht?

Ähnliche Reaktionen rufen Menschen hervor, die so viel vergessen. Sie wehren sich nicht gegen einen Auftrag, der ihnen nicht paßt, sondern sie führen ihn einfach nicht aus, haben ihn vergessen. Sie geloben zerknirscht Besserung, und sie vergessen wieder. Sie gehen nicht in die Auseinandersetzung, geben nicht zu erkennen, daß man die Grenze ihrer Solidarität überschritten hat, sie sagen nichts – und sie vergessen. Und wiederum wird an die Nachsicht

appelliert: Was kann man denn dafür, daß man ein so vergeßlicher Mensch ist? Oder was kann man dafür, daß man
bei einer riesigen Belastung eben Unwichtiges vergißt? Der
beteiligte Mensch, der die Leistung einfordert, ist aggressiv, wird zu einem fordernden, bis hin zu einem aggressiv
verfolgenden Mitmenschen.

Entfernen wir uns mitten in einem Gespräch, dann
handeln wir offen aggressiv und unfreundlich. Hört man
aber gar nicht hin, schaut durch den Sprechenden hindurch, als wäre er oder sie aus Glas, sagt einfach immer
einmal ja, ja, dann wird das nicht als aggressiv empfunden.
Man wird deswegen auch nicht zur Rede gestellt. Doch es
ist ein aggressives Verhalten. Ähnlich auch beim Thema
des „Hinhaltens". Eine Arbeit ist versprochen auf den
nächsten Tag. Sie kommt nicht. Angemahnt, wird sie für
den nächsten Tag versprochen, sie kommt nicht... Wie
reagieren wir da?

Bei Menschen, die sich passiv aggressiv verhalten, gewinnen wir den Eindruck, daß man sich auf sie nicht verlassen kann. Sie sind nicht verläßlich. Eigentlich haben
diese Menschen sich auch selber „verlassen", wenn sie
nicht wagen, die Grenzen in einer aktiven Form zu ziehen
und sich selber wichtig zu nehmen. Die Nähe zum Opfertyp ist klar: Aus Opfern können leicht passive Aggressive
hervorgehen. Beim Opfertyp wird allerdings die Aggression
gegen sich selbst gewendet, der passiv aggressive Mensch
tut das aber nicht.

Bei der passiven Aggression hat man also das Gefühl, auf
diese Menschen sei kein Verlaß, und man mag sich auch

59

fragen: Ist es Rache? Ist es eine Form der Bestrafung? Solche Vermutungen stimmen möglicherweise sogar, aber die Rache oder die Bestrafung würde sich dann in einer Situation ereignen, die mit einer Situation, die ursprünglich Ärger ausgelöst hat, nicht mehr viel zu tun hat. Es handelt sich dann um so etwas wie eine generalisierte, grundsätzliche Rache oder Bestrafung, weil man in so vielen Konfliktsituationen gerade nicht fähig war, den Ärger angemessen zum Ausdruck zu bringen und den Konflikt auszutragen. Gerade weil sich aber die mögliche Rachehandlung nicht auf eine bestimmte Situation bezieht, wird man von außen etwas hilflos. Diese Wirkung ist ja wohl auch zumindest die unbewußte Absicht des passiven Aggressionstyps. Ist man auf diesen Menschen nicht angewiesen, reagiert man oft mit einem abfälligen „die oder den kann man vergessen". Menschen, die immer alles vergessen, die kann man einfach am besten vergessen. Das geht aber nur, wenn die Menschen einen nichts oder nicht sehr viel angehen. Ich finde zum Beispiel, daß man Kollegen, die sehr viel vergessen, am besten vergißt – und man stellt fest: sie werden auch vergessen. Ist man aber auf einen passiv aggressiven Menschen angewiesen, dann wird man leicht zum Co-Vergesser oder zur Co-Vergesserin.

Vergesser und Co-Vergesserinnen

Diese passiven Aggressionsformen kommen sehr häufig vor. Es muß aber jemand da sein, der oder die diese Aggressionsform toleriert oder sie unbewußt sogar wünscht. Das sind im Zusammenhang mit den Vergessern und Vergesserinnen, die ich als eine Art der passiven Aggressionsform etwas näher betrachten möchte, die Co-Vergesser und Co-Vergesserinnen.

Geschieht es in einer therapeutischen Situation, daß ein Analysand oder eine Analysandin wesentliche Dinge beharrlich und unschuldig vergißt, sich möglicherweise auch immer wieder wortreich entschuldigt, daß er oder sie halt wirklich so vergeßlich ist, dann wird zumindest der Menschenanteil in uns wütend werden. Der Therapeutinnenanteil in uns wird sich fragen, womit man diesen Menschen so verletzt hat in seinem Selbstwert, daß er oder sie zu dieser passiven Aggression greifen muß. Die passive Aggression kann eine Folge aktueller Verletzung des Selbstwerts sein. Sie kann aber auch ein habituelles Verhalten sein, aufgrund von vielfältigen Verletzungen des Selbstwerts, die aus dem Leben mitgebracht worden sind.

Sind Sie mit einem Menschen zusammen, der oder die sehr viel vergißt, dann werden Sie zu einem besorgten Gedächtnis. Man ist dann ein Hüter oder eine Hüterin und übernimmt Verantwortung. Um dies zu tun, muß man es offenbar gern machen. Jetzt entsteht die interessante Frage: Wer ist denn jetzt da der Angreifer, und wer ist da das Opfer? Nun wird es komplizierter. Denn dieser Mensch, der Co-Vergesser oder die Co-Vergesserin, wird immer einmal von Zeit zu Zeit einen Angriff starten, also eine aktive Aggression äußern, und Veränderung verlangen. Möglicherweise wird das Verhalten des anderen dann als Maßstab für die Beziehung gesetzt, etwa die passive Aggression als Zeichen gewertet, daß zu wenig Liebe in der Beziehung ist, zu wenig Achtsamkeit (ein wichtiger Aspekt der Liebe). Oder es geht um eine heimliche Konkurrenz, um Entwertung oder zumindest um fehlenden Respekt. In einer passiven Aggression kommt nämlich eine nicht zu unterschätzende Entwertungsstrategie zum Ausdruck: Menschen, die auf diese Weise passiv aggressiv sind, fühlen sich selber entwertet und übertragen diese Gefühle der Entwertung auf ihre Mitmenschen. Im Grunde genommen fühlt sich der Co-Vergesser als Opfer des Menschen, der vergißt. Der Mensch, der vergißt, fühlt sich aber als Opfer seines schlechten Gedächtnisses, niemals als Aggressor. Es ist wichtig, sich dies vor Augen zu führen. Denn oft meinen wir, es sei sehr klar, wer der Aggressor ist und wer das Opfer ist.

Bei der passiven Aggressionsform wird der Konflikt vermieden. Der Mensch, der den Konflikt vermeidet, weiß dies jedoch nicht. Ein Konflikt läßt sich ja zum Beispiel vermeiden, indem man sich sagt: „Dies macht mich jetzt wahnsinnig wütend, aber wenn ich das anspreche, werden wir eine Stunde streiten." Dann kann man sich entscheiden, ob man eine Stunde streiten will, oder ob man etwas anderes machen möchte. Das ist ein bewußtes Vermeiden eines Konflikts. Zwar fühlt man sich möglicherweise auch ein wenig feige. Doch in der Regel wissen wir, daß wir diesen Konflikt in einem guten Moment ansprechen werden. Der passiv Aggressive meint hingegen von sich, er sei voll guten Willens, werde aber immer zu Unrecht von außen aggressiv angegangen. So sagt etwa der Vergesser oder die Vergesserin: Ich bin friedlich, vergesse zwar einiges, aber du bist immer so aggressiv. Ich bin ein Opfer, du bist Aggressor. Der Co-Vergesser oder die Co-Vergesserin sagt: Wenn ich nicht wäre, würdest du verkommen. Ich wäre auch harmlos, wenn du mich nicht immer zur Weißglut treiben würdest. Das passiv aggressive Reagieren ist zum Teil gelernt: Es gibt Familien, in denen ein passiver Aggressionsstil praktiziert und weitergegeben wird. Mehr psychodynamisch gesehen, steht hinter diesem Verhalten ein narzißtisches Problem und im Zusammenhang damit eine sehr große Angst, daß der Selbstwert zu sehr beeinträchtigt würde, würde man eine Auseinandersetzung offen wagen. Es ist aber nicht nur ein individuelles Problem: Es gibt Menschen, mit denen man ausgesprochen schlecht streiten kann, weil sie sich nicht auseinandersetzen, sondern sofort versuchen, den Kontrahenten oder die Kontrahentin mundtot zu machen. Trifft etwa ein Wut-Droh-Typ auf einen Opfertyp, so wird es für diesen sehr schwierig sein, eine Auseinandersetzung zu wagen. Aus diesem Grund ist es oft (aber nicht durchwegs) auch ein geschlechtsspezifisches Verhalten: Werden Frauen bei Auseinandersetzungen von Männern lautstark mundtot gemacht, verlegen sie sich auf die passive Aggression.

Ein weiterer Grund für die Perfektionierung der passiven Aggression ist die Angst vor Liebes- und Beziehungs-verlust. Man befürchtet, Liebe und Beziehung zu verlieren, würde man die Aggression offen austragen. Diese passive Form der Aggression ist vielen Menschen wenig bewußt, sie selbst halten sich für unaggressiv, nur ihre Mitmen-schen erleben sie leider als so sehr aggressiv. Und sie wun-dern sich auch insgeheim immer wieder, daß sie soviel Ärger verursachen.

Es ist jetzt aber überhaupt nicht mehr klar, wer Aggres-sor und wer Opfer ist. Das Opfer ist auch ein Aggressor, und der Aggressor ist auch ein Opfer. Beim Blaubart hatte man das Gefühl, daß der Aggressor unter anderem auch ein Opfer ist. Bei der passiven Aggression gibt es klare Zu-schreibungen: Der Co-Vergesser würde ganz klar sagen: Der Vergesser ist der Aggressor. Der Vergesser würde aber sagen: Der Co-Vergesser ist der Aggressor. Und beide haben von ihrer Erfahrung her recht.

Der Gewinn aus der passiven Aggression

Man macht ja in der Regel nichts im Leben, wovon man nicht in irgendeiner Weise etwas hat. Die Vergesser brau-chen und bekommen sehr viel Zuwendung, allerdings nicht immer liebevolle. Zunächst ist die Zuwendung be-sorgt, dann ärgerlich. Der Vergesser/die Vergesserin be-kommt dabei eine Macht und Bedeutung, die ihm oder ihr eigentlich nicht zusteht. Deshalb kann man sicher sein, daß psychodynamisch eine narzißtische Problematik vor-handen ist und eine Unausgewogenheit im Bereich der

Selbstaktualisierung, des Selbstwertgefühls und des Selbstgefühls besteht.

Gelegentlich ist der passiv Aggressive oder die passiv Aggressive ein Mensch, der sich nicht so ganz den Gesetzen dieser Welt anpaßt. Sie wollen nicht wirklich in diese Welt hineingeboren werden, manchmal imponiert ihr Verhalten als etwas kindlich.

Natürlich ist auch dieses Verhalten gewissen Werten verpflichtet: einer gewissen Sorglosigkeit und einer gewissen Narrenfreiheit. Und dies ist eigentlich etwas sehr Schönes. Unser Dasein ist doch sehr oft zu besorgt. Es muß immer alles so schrecklich gut funktionieren, alles muß immer ordentlich und pünktlich sein. Man kann diese passive Aggressivität also auch als eine Art Kulturkritik verstehen: als Kritik an einer Kultur, in der immer alles ausgesprochen werden muß, in der Genauigkeit, Pünktlichkeit und absolute Nicht-Vergeßlichkeit als Ideale gelten. Dennoch bleibt der Umgang mit passiv Aggressiven aufreibend.

Der Ausweg aus der Kollusion

Was geht im Co-Vergesser, in der Co-Vergesserin vor? Einmal hat er oder sie Angst, selber vergeßlich zu sein. Denn wenn man sich so sehr um die Vergeßlichkeit eines anderen Menschen kümmert, dann hat man oft selber Angst, vergeßlich zu sein. Schließlich kann man auch mit vergeßlichen Menschen leben, ohne sich so sehr um diese Vergeßlichkeit zu kümmern. Man achtet einfach darauf, daß die Schlüssel am richtigen Ort sind. Bei dem, was absolut lebensnotwendig ist, übernimmt man die Kontrolle, und alles andere erscheint nebensächlich. Sobald aber jemand selber Angst hat, vergeßlich zu sein, wird er zu einer sehr kontrollierenden Instanz. Dieses Verhalten vermittelt dem Kontrollierenden Bedeutung und wertet ihn innerlich auf. Wenn man sich nun vorstellt, daß ein Vergesser, ein Paradiesvogel des Lebens, so sehr auf jemanden angewiesen ist und ohne dessen ständiges Kontrollieren und Aufpassen verloren wäre in diesem Leben, dann bedeutet das für die kontrollierende Person natürlich eine ungeheure Aufwertung. Das Wissen, dringend gebraucht zu werden, gibt Selbstsicherheit und vermittelt eine Form der Existenzberechtigung. In diesen Situationen spielen beide Seiten zusammen. Die Problematik liegt jedoch darin, daß der aggressive Selbstanteil an den Co-Vergesser delegiert ist. Dieser wird von unserem Paradiesvogel dann als aggressiv erlebt. Delegiert sind ebenfalls die Schuldgefühle, der Aggressive soll sich schuldig fühlen. Wenn ein Co-Vergesser oder eine Co-Vergesserin seine oder ihre Rolle gut spielt, dann bedeutet dies für den Vergesser oder die Vergesserin, daß er oder sie sich gar nicht mehr entwickeln kann. Die aggressiven Anteile, die wir zur Entwicklung brauchen, bleiben delegiert.

Wie kann man aus diesem Zusammenspiel aussteigen? Kann dies gelingen? Ist überhaupt der Wille zum Aussteigen vorhanden?

In zugespitzten Fällen haben wir es mit einer Kollusion zu tun. Das ist ein Ausdruck von Laing, der dann von Jürg

Willi übernommen und auf die Paarbeziehung hin ausgearbeitet worden ist.[11] Colludere heißt, miteinander zu spielen. Spielen zwei Menschen in einer Beziehung in der Art zusammen, daß das eine Spiel das Spiel der anderen oder des anderen bestimmt, so spricht man von einer Kollusion. So kann zum Beispiel beim Vergessen ein Partner in der Kindposition verharren, der andere Partner übernimmt die Elternposition, einer lebt die Sorglosigkeit, eine die Verantwortlichkeit. Zusammen ergibt sich ein Ganzes. In diesem System wird beides gelebt: Man hat die Kindposition und die Elternposition, man hat die Sorglosigkeit und die Verantwortlichkeit. Wenn nur der Ärger nicht wäre! Ärger taucht natürlich dann nicht oder zumindest weniger auf, wenn man für die Rolle, die man spielt, genug Anerkennung bekommt. Angenommen die Vergeßliche sagt mindestens jeden Tag dreimal: Wenn ich dich nicht hätte! Das könnte so viel narzißtische Befriedigung bringen, daß man mit der Rolle des Co-Vergessers leben kann, ohne ärgerlich zu werden. Kommt aber wenig Anerkennung oder gar ständige, meist zwar unausgesprochene Kritik, dann stellt sich die Frage, wie man die Situation verändern kann. Und dann ärgert man sich.

Schließlich spielt auch das Thema der Schuldgefühle eine Rolle. Sie werden virulent, wenn das Sorgen für den anderen keinen Erfolg hat. Man hat dazu das Gefühl, man habe versagt. Oder man hat auch das berechtigte Gefühl, den anderen Menschen daran gehindert zu haben, sich zu

---

[11] Jürg Willi: Die Zweierbeziehung, Reinbek 1975.

entwickeln. Hätte man am Anfang einer Beziehung etwa gleich deutlich gesagt: Diese Form der passiven Aggression akzeptiere ich einfach nicht, dann hätte da ja eine Entwicklung oder eine Veränderung stattfinden müssen. Von der einen Seite werden also Vorwürfe geäußert: Du bist immer so real, du bist so bürgerlich, du bist so zwanghaft, du bist so aggressiv. Und die andere Seite hat das Gefühl, tatsächlich sehr dominant zu sein, Angst auszulösen, den anderen Menschen wirklich zu kontrollieren. Wenn man sich einigermaßen bewußt ist, wird man sich natürlich fragen, ob man diesen Menschen vielleicht zur passiven Aggression zwingt. Ist dieser Mensch von sich aus passiv aggressiv, oder ist es eine Reaktion auf Dominanz? Denn wenn jemand, der sehr viel Angst hat, die Beziehung zu verlieren, vom Partner oder von der Partnerin dominiert wird, dann ist passive Aggression das Mittel der Wahl. Ein offener Aufstand würde vermeintlich die Beziehung viel zu stark gefährden.

Vergesser und Co-Vergesser leben miteinander, was in einer einzigen Person gelebt werden müßte. Der Vergesser hat Angst, autonom zu sein, der Co-Vergesser hat Angst, abhängig zu sein. Das Problem der Angst vor Autonomie und der Angst vor Abhängigkeit müßte jede Person in sich selbst lösen. Denn dies ist eines der grundlegenden Probleme, die wir Menschen überhaupt haben: daß wir autonom und dennoch auch abhängig sein wollen und müssen. Dieses Problem gehört wesentlich zum Menschen.

Wie öffnet sich die Klammer? Auch wenn wir Aggressor

68

und Opfer nicht mehr klar zuordnen können, besteht trotzdem eine Klammer von Aggressor und Opfer. Es muß nun ein Änderungswunsch kommen, und dieser muß eigentlich vom Co-Vergesser aus kommen. Er kommt, indem er den Ärger bewußt spürt. Diese Klammern lösen sich allerdings nur schwer, wenn der passiv Aggressive immer einen minimalen Erfolg zurückmeldet. Aber wenn der Vergesser sich überhaupt nicht verändert, dann wird der Co-Vergesser, die Co-Vergesserin irgendwann den Ärger bewußt spüren, entweder aufgrund der ständigen Erfolglosigkeit oder weil er oder sie immer mehr übernehmen muß. Je vergeßlicher der eine oder die eine ist, desto mehr muß der andere kontrollieren. Dies bedeutet harte Arbeit und zudem eine Einengung in der persönlichen Freiheit. Wenn wir zu sehr eingeengt werden, bewirkt das auch, daß wir aggressiv werden.

Daraus können unterschiedliche Reaktionen erwachsen: So kann sich das Verhalten eigentümlich umkehren: Der Co-Vergesser oder die Co-Vergesserin beginnt auf einmal zu vergessen, hört auf, das Leben zu kontrollieren. Das zeigt, daß auch sie eine Vergessensproblematik haben, die sie bis jetzt unter Kontrolle hielten. Sei es, daß sie gegen das eigene Vergessen ankämpften, sei es, daß sie sehr hohe Anforderungen an Nicht-Vergessen stellen. Wenn Co-Vergesser plötzlich auch vergessen, weiß man nicht einmal, ob dies nun auch eine Form der passiven Aggression ist, oder ob plötzlich wirklich Ausfälle auftauchen. Es kann aber auch zu Erkrankungen kommen. Dann wird ein dritter Mensch hinzugezogen, und sobald ein dritter Mensch im

System mit drin ist, wird die Klammer aufgelöst. Es sind nicht mehr zwei Menschen, sondern drei. Hier gibt es interessante Entwicklungen: Der erkrankte Co-Vergesser tritt durch seine Erkrankung aus dem System aus, und der neu hinzugezogene Helfer wird dafür zu einem Co-Vergesser. Oder der Vergesser versucht, aus dem Helfer einen Co-Vergesser zu machen. Das gelingt in der Regel nicht, wenn der Helfer professionell ist. Wenn aber der Helfer ein sehr liebevoller Freund ist, kann das wunderbar funktionieren. Eine andere Reaktion ist es, eine Außenbeziehung anzufangen: Dann flieht man aus der Klammer. In einer Außenbeziehung könnte dann zum Beispiel etwas anderes erlebt werden. Oder man entwickelt immer mehr Selbstsicherheit, so daß man innerlich riskieren kann, die Beziehung zu verlieren, so daß man die Aggression plötzlich aktiv äußern kann. Hier kann dann die Frage gestellt werden, was an den anderen Menschen delegiert wurde und was zum eigenen System gehören würde. Denn immer wenn wir die Aggression einem anderen Menschen delegieren, dann vermissen wir etwas, was wir unabdingbar brauchen zur Gestaltung unseres Lebens und zum Überleben.

Aggression ist eine vitale Kraft. Wenn wir die einfach weggeben, dann bleibt uns der Angstpart, der uns in die Richtung der Opferrolle lenkt. Um diese Aggressor-Opfer-Verklammerungen zu lösen, muß man sich darüber bewußt werden, was man an den anderen Menschen delegiert hat, ihn oder sie also leben läßt, was die eigene Verantwortung wäre, und umgekehrt. Man müßte natürlich auch die Entwertung von seiten dessen, der vergißt, ansprechen.

Denn in allen passiven Aggressionen liegt eine große Entwertung. Die passive Aggression ist insofern die schwierigste Aggression, weil sie sich so harmlos gibt und im Grunde genommen sehr zerstörerisch ist, denn sie entwertet den anderen Menschen ganz entscheidend. Doch die passive Aggression ist auch eine Art von Selbstentwertung, die dem passiv aggressiven Menschen erst dann bewußt wird, wenn er oder sie spürt, daß sie zwar viel Sand ins Getriebe schütten können, für sich selber und für den Fortgang des Lebens aber wenig erreichen.

Übung

Sie werden sich gefragt haben, zu welchem Ärger-Aggressionstypus Sie gehören, und wahrscheinlich haben Sie von allen etwas bei sich gefunden.

Wenn Sie mehr in der einen oder anderen Richtung reagieren, dann stellen Sie sich doch einmal vor, wie es wäre, wenn Sie der Gegentypus sein würden. Wenn Sie sich also eher zum Opfertyp zählen, wie würden Sie sich als Angreifertyp gebärden, und was würden Sie da befürchten, welche Phantasien würden Sie da überfallen. Sind Sie eher ein Angreifertyp, versuchen Sie es doch einmal in der Art eines Opfertyps. Und: sammeln Sie zudem einmal die passiven Aggressionen, die Ihnen im Laufe eines Tages „unterlaufen".

Ärger und Angst

In den verschiedenen Formen von Aggression, die bisher dargestellt wurden, wurde immer wieder deutlich, daß es ein Moment gibt, an dem nicht mehr eindeutig auszumachen ist, wer der Aggressor und wer das Opfer ist. Nimmt man nur eine Perspektive ein und sieht nicht auch die andere Perspektive, scheint es zwar oft klar zu sein, wie die Rollen verteilt sind, doch manchmal täuscht diese Sichtweise. Es sollen allerdings keinesfalls Aggressor und Opfer einfach verwechselt werden. Und ich möchte noch einmal darauf hinweisen, daß es mir um Opfer und Aggressor oder Aggressorin nicht im Zusammenhang mit traumatisierenden Übergriffen, sondern im Alltag geht.

Doch sehr oft ist man, auch wenn man sich eigentlich in der Opferrolle befindet, insgeheim auch in der Rolle eines Angreifers oder einer Angreiferin. Aber gerade das ist wichtig, denn in den verborgenen Haltungen des Angreifers oder der Angreiferin findet man die Aggression, die man braucht, um sich aus der Opferrolle herauszuentwickeln. Die Angreifer ihrerseits haben auch einen verkappten Teil der Opferrolle in sich.

Übung

Entspannen Sie sich, indem Sie Ihren Atem wahrnehmen und beim Ausatmen Spannung loslassen. Jetzt stellen Sie sich irgendein Wasser vor, das Ihnen gefällt. Das kann eine Quelle, ein Bach, ein See oder Wasser aus einem Wasserhahn sein: einfach eine Form von Wasser, die Ihnen gerade einfällt und gefällt. Sie lösen sich von diesem Bild, öffnen aber nicht die Augen, sondern stellen sich in einer Situation vor, in der Sie sich hilflos fühlen. Wie fühlt sich das an? Wie gehen Sie damit um? Dann stellen Sie sich wieder die Bilder von Wasser vor, die Ihnen gefallen. Dann lösen Sie sich von diesen Bildern, öffnen langsam die Augen, bewegen sich, gähnen, strecken sich.

Diese Imaginationsanweisung klingt vielleicht etwas eigentümlich: zuerst das Bild des Wassers, dann ein Bild der Hilflosigkeit, dann wieder das Wasser-Bild. Ich bin dabei davon ausgegangen, daß Hilflosigkeit wesentlich unangenehmere Gefühle hervorruft als etwa eine Ärgerphantasie. Sie hat daher auch wesentlich weniger Energie als Ärgerphantasien. Daher habe ich als Einstieg ein Bild gewählt, das meistens Wohlbefinden auslöst und das eine ruhige Energie vermittelt. Im Bild des Wassers kann man sowohl eine ruhige als auch eine etwas bewegtere Energie fließen lassen. Stellt man sich ein angenehmes Wasser vor, so haben die Menschen in der Regel das Gefühl, „im Fluß" zu sein. Dieses Gefühl wird meistens als recht angenehm und gut empfunden – die Hilflosigkeit hingegen löst Gefühle des Bedrohtseins und damit der Stockung aus. Hilflos werden wir gerade dann, wenn wir nicht mehr „im Fluß" sind.

Ärger und Hilflosigkeit

Schon bei den Ärgerphantasien wurde deutlich, daß mit dem Selbst oder in der Jungschen Terminologie mit dem Ich-Komplex auch der Selbstwert einer Person verbunden ist. Der Selbstwert wiederum ist eng mit unserem Gefühl von Identität verknüpft. Zu unserem Ich-Komplex gehört unter anderem die Ich-Aktivität, der Wille etwas machen zu wollen und zu können und dadurch etwas zu bewirken. Darin zeigt sich die Intentionalität. Gleichzeitig haben wir aber auch einen Darstellungsdrang, wir wollen uns auch zeigen und dabei gesehen werden. Darstellung bedeutet ja: zeigen und gesehen werden, und sie ist nicht mit Verstellung gleichzusetzen. Zwar mag dabei auch manchmal Lust entstehen, sich etwas zu verstellen. Doch darstellen heißt nicht primär, sich möglichst gut zu präsentieren, sondern einfach: ich möchte etwas darstellen und dabei gesehen werden. In einer solchen Interaktion mit der Mitwelt erfährt man Identität.

Bei dieser Ich-Aktivität und Intentionalität erleben wir die Widerstände und Angriffe als sehr störend. Wir haben schon gesehen, was geschieht, wenn uns in dem Augenblick, in dem wir intentional etwas wollen, in dem wir schon in einem gewissen Fluß sind, ein Widerstand entgegengesetzt wird: Es kommt zu einer Ärgerphantasie, die sich zwischen uns und das Erreichen des Zieles stellt. Bisher

75

haben wir den Anteil der Ärgerphantasie betrachtet, in dem die Ärgerphantasien wahrgenommen und blitzschnell daraufhin befragt wird, was man von der Phantasie sich als Reaktion leisten kann und was man dadurch zu befürchten hat. Wir haben gesehen, daß die Art der Reaktion auch vom Ärgertypus einer Person abhängig ist. Wie eine Ärgerphantasie realisiert wird, hängt aber auch mit unserer Identität zusammen. Ein Mensch, der auf gar keinen Fall die Liebe des Menschen, der Ärger auslöst, verlieren darf, wird anders reagieren als ein Mensch, der auf gar keinen Fall das Ansehen verlieren darf – oder als ein Mensch, der absolut nichts verlieren darf. Im Zusammenhang mit der Ärgerphantasie entsteht eine intrapsychische Auseinandersetzung. Wie diese abläuft, hängt wiederum mit dem aktuellen Selbstwertgefühl zusammen. Je besser ich mich fühle, um so eher werde ich etwas riskieren. Fühle ich mich sehr schlecht, werde ich mir keine Realisierung der Ärgerphantasie erlauben. Man kann sehr wohl spüren, daß ein Konflikt in der Luft liegt, aber auch genau wissen, daß man sich diesen Konflikt in der jetzigen Situation einfach nicht leisten kann. Das braucht nicht einfach Feigheit zu sein, es kann auch Weisheit sein, zu erkennen, daß man an einem bestimmten Tag, in einer bestimmten Situation nicht so gut reagieren kann, etwa weil man sich nicht so gut fühlt. Das heißt, die Kohärenz des Ich-Komplexes ist an diesem Tag nicht so gut, daß man sich die Auseinandersetzung leisten kann.[12]

---

[12] Verena Kast: Die Dynamik der Symbole. Grundlage der Jungschen Psychotherapie, Olten 1990.

Bisher sind wir davon ausgegangen, daß ein Akt des Wehrens möglich ist und das Austragen eines Konflikts tatsächlich gelingen kann. Nun gibt es allerdings eine weitere Möglichkeit: Der Angriff von außen verunsichert uns in unserem Selbstwertgefühl so sehr oder unser Selbstwertgefühl ist schon so sehr verunsichert, oder den Angriff von außen erleben wir als so heftig, daß wir gar nicht mehr über eine Ärgerphantasie nachdenken, sondern uns nur noch zurückziehen können. Es kommt zu einer Verunsicherung, einer Hilflosigkeit, allenfalls einer Angstphantasie. Angst erleben wir dann, wenn wir uns einer mehrdeutigen, komplexen Situation gegenübersehen und wir uns hilflos fühlen. Erst das Gefühl der Hilflosigkeit löst Angst aus.[13] Wir spüren die Angst verschieden im Körper, aber im wesentlichen sind es zwei Phänomene, die immer wieder im Erleben mit der Angst beschrieben werden: Das eine ist die Enge, die Erfahrung, keine Luft zu haben, das andere das Gefühl, daß die Glieder einen nicht mehr tragen. Menschen, die Angst haben, sprechen zum einen davon, daß ihnen die Knie schlottern, zum anderen davon, daß sich ihnen die Kehle zusammenschnürt, daß sie nicht mehr frei atmen können. Bei einem richtigen Angstanfall tritt dann alles miteinander auf: Dann schlottert meistens alles, und atmen kann man auch nicht mehr. Man wundert sich, daß man überhaupt noch lebt.

Werden wir gebremst in dem, was wir wollen, so können wir statt Ärger zu empfinden, in die Hilflosigkeit fal-

---

[13] Verena Kast: Vom Sinn der Angst, Freiburg 1996.

len. Das geschieht dann, wenn der Ich-Komplex habituell oder aktuell wenig kohärent ist, abzulesen an einem wenig guten Selbstwertgefühl, oder wenn der Angriff von außen, der Widerstand, der unserem Wollen entgegengesetzt ist, für uns zu groß ist. Dann bleibt nur noch Rückzug und Angst. Der aggressive Anteil, der in der Ärgerphantasie zumindest anzutreffen wäre, wird dann meistens auf die Außenwelt projiziert, auf den Menschen, der Widerstand leistet oder angreift. Dieser wird dann als aggressiv und „böse" bezeichnet. Oder aber die Projektion richtet sich sehr viel abstrakter auf die Welt als Ganzes oder auf das Leben als Ganzes. Man kommt dann mit dieser bösen Welt eben nicht zurecht und kann sich nicht mit ihr auseinandersetzen. Oder der aggressive Anteil wird gegen sich selbst gerichtet und lautet dann: Ich dumme Person, warum habe ich jetzt wieder so viel Angst? Daraus resultiert dann ein Angstzirkel.

Wer sich den Ärger nicht gestattet, verfällt der Angst. Der Ärger, der noch erlebbar ist, wird dann entweder gegen sich selbst gerichtet als ärgerliche Selbstkritik etwa, oder er wird projiziert. Zur Opferposition gehört natürlich die Angst.

Angst wird definiert als unangenehm erlebter Erregungsanstieg, der auch im Körper zu spüren ist. Wir bemerken dies, wenn wir von einer Gefahr ergriffen worden sind, die Situation mehrdeutig ist und uns keine Reaktion möglich erscheint. In dieser Situation fühlen wir uns hilflos. In diesem betont unangenehm erlebten Erregungsanstieg wird deutlich, daß unser Körper Angst hat. Die Emotionspsychologie diskutiert immer wieder, ob zuerst der Körper Angst hat und wir nachträglich Phantasien der Angst entwickeln und diese dann als Angst bezeichnen, oder ob zuerst die psychische Angst vorhanden ist und dann der Körper Angst bekommt. Ich finde diese Spekulation, ob zuerst das Ei oder die Henne, immer recht mühsam. Schließlich kommen beide Seiten ja praktisch zusammen: Wir spüren Angst im Körper und stellen fest: Ich habe Angst. Wir versuchen dann natürlich auch Abhilfe zu schaffen, und bei der Angst verfügen wir über sehr viele Abwehr- und Bewältigungsmechanismen, auf die ich hier nicht näher eingehen will.[14]

Denn mir geht es an dieser Stelle darum, herauszuarbeiten, was in der Opferposition geschieht und warum wir uns in der Opferposition so leicht mit dem Angreifer identifizieren – womit wir uns noch mehr in die Opferposition bringen. Angst setzt erst dann ein, wenn wir hilflos sind. Solange wir das Gefühl haben, mit einer Gefahr umgehen zu können, komme diese von innen aus unserer Psyche oder von außen, von der Mitwelt, haben wir nur mäßig oder gar keine Angst. Wenn wir jedoch das Gefühl haben, den Durchblick verloren zu haben, uns in einer mehrdeutigen Situation zu befinden und überhaupt nichts mehr machen zu können, dann erscheint in der Regel diese lähmende Angst.

In der Hilflosigkeit fühlt man sich scheußlich, spürt eine Enge oder einen Kloß im Hals, einen unangenehmen

---

[14] Ebd.

Druck im Oberbauch, wird ganz klein und, falls man es zulassen kann, spürt man schließlich Wut. Angst und Wut hängen zusammen. Hilflosigkeit ist unangenehm, für viele Menschen auch etwas beschämend. Es muß daher rasch Abhilfe geschaffen werden. Wir verlieren in dieser Situation alle unsere Kompetenzen. In der Regel sucht man daher rasch Hilfe, wenn man hilflos ist. Das läßt sich leicht an Alltagssituationen darstellen: Etwa wenn das Auto stehenbleibt und man plötzlich ganz hilflos wird. Und jetzt ist man einfach dankbar, wenn jemand unter die Motorhaube schaut. Man merkt erst später, daß diese Person vielleicht noch weniger davon versteht als man selber, doch dieses Wissen läßt man in der Situation der Hilflosigkeit nicht zu. Diese Hilflosigkeit bringt uns leicht in eine Kindsituation. Wir halten sozusagen die Hände hoch und sagen: Bitte, bitte hilf mir. In der Krankheitslehre der Psychologie spricht man davon, daß sehr ängstliche Menschen steuernde Objekte suchen. Statt „steuernde Objekte" (der Ausdruck stammt von Karl König)[15] möchte ich lieber „steuernde Menschen" sagen, denn es sind Menschen gesucht, die helfen und steuern können. Das Wort „steuern" bezeichnet sehr gut, daß es nicht nur einfach um das Helfen, sondern wirklich um das Steuern geht. Ein ängstlicher Mensch sucht eigentlich immer jemanden, der oder die steuert. Diese Erfahrung läßt sich leicht machen: Wenn man etwa in einer Menschenmasse ist und von jemandem gehalten

---

[15] Karl König: Angst und Persönlichkeit. Das Konzept und seine Anwendungen vom steuernden Objekt, Göttingen 1981.

wird, kann diese Person einen durch die Masse steuern. Man kann allerdings auch dahin gesteuert werden, wohin man nicht will. Steuern hat also zwei Seiten. Die eine Seite ist natürlich außerordentlich günstig, man muß nicht selber aufpassen, wohin man geht. Wenn man am falschen Ort ist, kann man sich einfach beschweren. Die negative Seite ist, daß man keinen eigenen Willen oder wenig eigenen Willen mehr hat. Ganz praktisch heißt das, daß zum Beispiel Menschen, die große Angst haben, auf die Straße zu gehen, immer darauf angewiesen sind, eine Beziehungsperson bei sich zu haben, die überall mit ihnen hingeht. Das ist nicht nur für den äußeren Bereich zu sehen, sondern auch für den inneren Bereich. Wenn Sie zum Beispiel sehr viel Angst haben, etwas zu entscheiden, dann werden immer die Menschen um Sie herum die Entscheidungen treffen. Diese werden dann zu steuernden Personen. Bei Menschen, die an Angststörungen leiden, ist diese steuernde Person meistens der Partner oder die Partnerin. An diese wird dann ein großer Anteil der eigenen Aggression delegiert. Damit ist jetzt nicht die Destruktion gemeint, sondern die Aggression im Sinne von: an die Dinge herangehen, etwas machen, etwas bewirken usw. Aus dieser Delegation ergibt sich eine hochambivalente Beziehung, denn einerseits braucht der Mensch mit sehr viel Angst einen Menschen, der steuert, Entscheidungen abnimmt usw. Zum anderen wird die Aggression auf diese Menschen projiziert, von denen man abhängig ist, das heißt also, sie werden immer auch argwöhnisch beäugt und daraufhin insgeheim befragt, ob sie nicht auch etwas für den Betroffenen

81

Ungünstiges tun. Äußern darf der ängstliche Mensch aber diesen Verdacht nicht, denn er oder sie ist ja abhängig von dieser steuernden Person.

Angst zu haben ist etwas vollkommen Normales. Es ist auch normal, daß wir in Situationen, die in uns Angst auslösen, andere Menschen suchen, mit denen man über die Situation sprechen kann oder die einen begleiten. Dabei macht es natürlich einen großen Unterschied, ob man von Situation zu Situation jeweils eine andere steuernde Person sucht und immer wieder einen anderen Menschen steuern läßt, ob man gelegentlich auch selber steuert und ob man für andere Menschen auch eine steuernde Person ist, oder ob man absolut darauf angewiesen ist, daß ein und derselbe Mensch ständig diese Steuerung übernimmt. Wenn ein Mensch für unsere Steuerung zuständig ist, dann gerät man in eine große, ambivalente Abhängigkeit von diesem Menschen. Die Menschen, die als „steuernde Objekte" gebraucht werden, spüren natürlich ihrerseits, ob ihnen reine Dankbarkeit entgegengebracht wird oder ob diese Dankbarkeit mit Aggression gemischt ist. Irgendwann funktioniert dann dieses Zusammenspiel nicht mehr – und das ist meist ganz günstig. Denn jetzt muß der Mensch, der ständig Angst hat, Verantwortung für sich übernehmen, sich entwickeln. Er muß sich etwa für eine Therapie entscheiden, in der diese Angst-Aggressions-Thematik angegangen wird.

Die Hilflosigkeit, die Suche nach Helfern und die Projektion der Aggression auf diese bewirken, daß Helfer und Helferinnen ganz leicht als Aggressoren und Aggressorinnen erlebt werden. Dies kann auch im Verhältnis zu Therapeutinnen und Therapeuten geschehen. Menschen mit einer Angststörung zeigen dieses, wie wichtig sie sind, wie sicher sie sich bei ihnen fühlen. Doch dann äußern sie Bemerkungen wie: „Ich bin ungeheuer dankbar, daß ich bei Ihnen sein darf und daß Sie sich mit mir solch eine Mühe geben. Leider haben wir jetzt nach Jahren noch immer keinen Erfolg." In diesem letzten Satz steckt passive Aggression, schuld am fehlenden Erfolg ist letztlich doch der Therapeut bzw. die Therapeutin. Die Ambivalenz, die sich in diesem Ausspruch zeigt, ist typisch für die Dynamik, die sich ereignet, wenn Menschen so ganz in den Fängen der Angst sind.

Die projizierte Aggression und die Identifikation mit dem Angreifer oder der Angreiferin

Helfer und Helferinnen werden ganz leicht zu Aggressoren und Aggressorinnen, nicht nur im Falle von Angststörungen. Wir geraten immer wieder in Situationen, in denen Menschen uns das Gefühl vermitteln, helfen zu müssen. Und aus dieser Helferposition gerät man leicht in die Aggressorenposition, und zwar dann, wenn wir Menschen etwas abnehmen, was sie eigentlich selbst übernehmen müßten. Als Helfer oder Helferin übernimmt man da Verantwortung, die einem nicht zusteht; das kann so weit gehen, daß der Hilfesuchende sich entmündigt vorkommt, und dies eigentlich auch ist.

Daß der Helfer oder die Helferin in dieser Situation auch als Angreifer oder Angreiferin empfunden wird, ist verständlich und zeigt, daß das Opfer nicht ganz in der Position des Opfers verharren möchte. Die Ambivalenz wird vom Opfer aber als äußerst unangenehm empfunden. Es findet ja sozusagen ein innerer Kampf statt, wenn man zum einen weiß, daß man den anderen Menschen absolut braucht und zum anderen ungeheuer wütend darüber ist, daß man diesen Menschen braucht. Eine Möglichkeit, aus dieser Situation herauszukommen, besteht darin, sich mit dem Angreifer zu identifizieren. Man hat dann nicht mehr den Eindruck, diesen Menschen unbedingt zu brauchen, sondern man fühlt sich diesem Menschen zugehörig. Nun treffen sich nicht mehr zwei Systeme, sondern man fühlt sich ganz und gar verbunden in *einem* System mit diesem Menschen. Und dann muß man sich keine Vorwürfe mehr machen, daß man die Probleme nicht selber löst. Wenn es nur ein System gibt, ist es egal, wer was macht.

Wie dies geschieht, läßt sich einleuchtend an einem sozialen Phänomen verdeutlichen, am Geschäft mit der Angst. Will man eine Ideologie verkaufen, dann muß man zuerst die Menschen ängstigen, die für die betreffende Ideologie in Frage kommen; man muß viel Angst unter eine bestimmte Gruppe von Menschen bringen. Diese Menschen werden in eine Opferposition gebracht. Diese Angst muß so beschaffen sein, daß sie den Eindruck und das Gefühl vermittelt, daß nichts mehr aus eigener Kraft und Anstrengung erreicht werden kann. Diese Menschen werden also hilflos, sie werden vielleicht sogar krank, denn

Angst macht krank. Sie fühlen sich angegriffen und bedroht. Jetzt ist der Boden für die Ideologie bereitet. Man kann zunächst diesen Menschen noch vermitteln, in welch übler Position sie sich befinden, man kann ihnen auch die Schuld daran noch zuweisen, ängstigt also nicht nur, sondern greift auch gleichzeitig noch an, was wiederum die Angst verstärkt. Dann verspricht man ein System, das Sicherheit gibt, die Angst zum Verschwinden bringt, die angeschlagene Würde wieder herstellt. Bei uns in der Schweiz werden Werbezettel herumgeschickt, auf denen steht: „Die Einbrecher sind um Ihr Haus herum." Dann wird mit viel Statistik bewiesen, wie oft eingebrochen wird, insbesondere in die Einfamilienhäuser. Auf der nächsten Seite werden dann die Bewohner dieser Häuser mit Vorwürfen überhäuft: Sie würden überhaupt nichts für die Sicherheit tun, sie seien fahrlässig. Der Leser oder die Leserin kommt sich irgendwie ertappt vor, reagiert entweder mit Wut oder mit Angst. Für die Ängstlichen wird dann eine ganz teure Sicherheitsanlage angeboten. So einfach kann das funktionieren. Bei einem Alarmsystem ist dies vielleicht noch relativ harmlos. Doch nicht mehr harmlos ist dies bei politischen Ideologien. Wenn jetzt jemand auftritt und sagt: „Ihr werdet alle eure Arbeit verlieren, aber wenn ihr unsere Partei wählt, dann werdet ihr alle wieder Arbeit bekommen. Im übrigen wissen wir ganz genau, wer die Schuld daran trägt, daß jetzt keine Arbeit mehr da ist. Daran sind nämlich ... schuld", dann werden viele, denen man Angst machen konnte, diese Partei wählen. Wenn dann diese ideologischen Angreifer gleichzeitig auch noch einen Kanal für die Aggression anbieten, die ja in der Angst verborgen mitenthalten ist, in dem möglicherweise sogar die ohnmächtige Wut, die man nicht herauslassen durfte, fließen kann, dann fühlen sich diese Menschen wieder sehr viel besser. Wird darüber hinaus auch noch Teilhabe angeboten, ein Wir-Gefühl vermittelt oder an ein Wir-Gefühl appelliert („Wir werden es miteinander schon schaffen!" „Wer, wenn nicht wir!"), ist die Identifikation mit dem Angreifer sehr verführerisch. Man wird ein glühender Anhänger dieser Ideologie, weiß aber irgendwo, daß man eben doch ein Opfer ist, denn man hat die Selbständigkeit aufgegeben. Die Opferseite wird zwar projiziert auf die, gegen die sich die Ideologie richtet, aber die fehlende Eigenständigkeit hat dennoch psychische Auswirkungen. In der Identifikation mit dem Angreifer entfernt man sich vom eigenen Selbst. Identifiziert man sich mit dem Angreifer, dann identifiziert man sich mit einer Kraft, die nicht der eigenen Persönlichkeit zugehörig ist. Es ist eine geliehene Kraft. Beim Blaubart haben wir die geliehene Macht erlebt. Diese macht uns blind für die eigene Opferposition, obwohl wir insgeheim wissen, daß wir in dieser Position sind. Diese geliehene Macht entfernt uns von uns selbst.

Die Identifikation mit dem Angreifer geschieht auch innerhalb von Familien. Kinder, die aus einer Familie kommen, in der ein sehr strafender Vater vorhanden war, können dann zum Beispiel sagen: „Ja, mein Vater war unheimlich hart, aber er hatte recht. Er wollte aus mir einen guten Menschen machen." Auch das ist eine Identifikation mit dem Angreifer; hier wirkt ein Abwehrmechanismus, den man braucht, um die Situation überhaupt auszuhalten. Denn nur Opfer zu sein ist nicht auszuhalten, und man findet diese Rolle ungerecht. Aus diesem Grund identifiziert man sich sowohl mit dem Angreifer als auch mit seinen Argumenten. Dadurch kann man dann zumindest für den Moment mit der Angst umgehen. Auf die Dauer gesehen ist dies natürlich überhaupt keine Möglichkeit, wirklich die Angst zu verarbeiten. Diesen Abwehrmechanismus kennt man im übrigen auch bei Opfern von sexuellen Übergriffen. So kann zum Beispiel ein Mädchen, das mißbraucht wurde, sich mit dem Mißbraucher identifizieren und die Schuld auf sich nehmen, weil der Täter ihr gesagt hat, sie sei schuld, sie habe ihn verführt usw. Die Identifikation mit dem Angreifer weist auf große Angst hin.

Doch die Identifikation mit dem Angreifer beginnt schon da, wo wir ungerechtfertigte Selbstkritik üben – ich meine jetzt nicht eine gesunde Selbstkritik, in der man sich kritisch betrachtet und abwägt, ob etwas gut oder weniger gut war. Gemeint ist die Selbstkritik jener Menschen, die sich gerade nicht wirklich kritisch betrachten, sondern das eigene Handeln und Sein harsch verurteilen und sich dabei innerlich zerfleischen. Dieses Verhalten hat mit sachlicher Kritik nur wenig gemeinsam. Oft ist man dabei irgendwie mit einem Angreifer oder einer Angreiferin aus der Kindheit identifiziert, der oder die immer wieder gesagt hat: „Du machst nie etwas recht" usw. Man identifiziert sich also mit der Angreiferseite, ohne sich dessen bewußt zu sein, daß man damit selbst zum Angreifer wird. Und gerade darin liegt die Schwierigkeit: Man merkt

meistens gar nicht, was man sich da antut. Und deshalb
würde man nie von sich selber sagen: „Ich muß Verantwortung dafür übernehmen, daß ich mit mir so hart umge-
he oder daß ich mich so ungerecht fertigmache." Man
macht sich selbst herunter, kommt sich immer noch halbwegs als Opfer vor, ist aber identifiziert mit der Angreiferseite. Auch mit dieser Haltung entfernt man sich
vom eigenen Zentrum und von den eigenen Gefühlen.

Die Flucht in die Grandiosität

Es kann geschehen, daß Hilflosigkeit auch in einem Lebensbereich oder einer Situation auftaucht, in der gar keine Helfer zur Verfügung stehen oder die möglichen Helfer
und Helferinnen selber hilflos werden. Diese Hilflosigkeit
stellt sich etwa bei traumatisierenden Situationen, in der
keine Hilfe mehr erfolgt. Durch die Identifikation mit
einer Größenidee können die betroffenen Personen zumindest überleben. So erzählen zum Beispiel sexuell traumati-
sierte Mädchen oft, daß sie sich von ihrem Körper, dem so
schreckliche Dinge passierten, „getrennt" hätten und sie
wären dann bei einer wunderbaren Lichtgestalt gut aufge-
hoben gewesen. Eine solche Phantasie hilft zum Überleben.

Eine solche Hilflosigkeit kann sich zum Beispiel auch
dann ereignen, wenn man in einem Land lebt, in dem viele
Menschen, die der Regierung nicht opportun sind, verschwinden. Man wird dann nicht mehr sehr viel machen

können, sondern befindet sich sehr bald in einer Opferposition. Solche Situationen ziehen unseren Selbstwert
natürlich enorm in Mitleidenschaft. Unser Selbstwert ist
nicht nur etwas Innerliches, das wir im Laufe der Zeit entwickelt haben, sondern er hängt auch sehr stark damit
zusammen, wie wir von der Gesellschaft, in der wir leben,
gewertet werden. Wird man ständig entwertet, dann fühlt
man sich auch tatsächlich irgendwann entwertet, oder
man muß unverhältnismäßig viel Energie aufwenden, um
dieses Gefühl nicht überhandnehmen zu lassen. Man muß
sich – und mögliche Gesinnungsgenossinnen und Gesin-
nungsgenossen – idealisieren, um eine solche Entwertung
auszugleichen.

Hilflosigkeit stellt sich aber nicht nur bei solchen außerordentlich schwierigen oder traumatisierenden Situationen ein. Es gibt auch Umstände, in denen Menschen
ihren Helfern und Helferinnen immer wieder deutlich gemacht haben, daß in ihrer besonderen Situation keine Hilfe
gut genug ist, daß nichts wirklich hilft. In der Folge ziehen
die Helfenden sich zurück. Doch auch der Mensch in der
Opferposition zieht sich zurück. Was bleibt, ist, diese
Opferposition zu idealisieren. Da wird dann etwa gesagt:
Ich habe eine so schwierige Problematik, daß sich niemand
mehr an sie heranwagt, ich kann sie nur allein tragen. In
dieser Opferposition, in der man eigentlich hilflos ist, sich
angegriffen fühlt und überzeugt ist, nichts dagegen unter-
nehmen zu können, kann das Idealisieren dieser Situation
den Selbstwert wenigstens noch so weit stabilisieren, daß
man überleben kann. Psychotherapeuten und Psychothera-

peutinnen sind nun wieder mit Menschen konfrontiert, die sich auf einer Position des grandiosen Opfers stabilisiert haben. Sie sind dann nicht einfach ein Opfer der Umstände, sondern ein Opfer von *grandiosen* Umständen. Es spielt also auch eine Größenphantasie in die Opfer-Aggressor-Dynamik mit herein, eine Größenidee, die wir brauchen, um ein fragiles Selbstwertgefühl zumindest vorübergehend zu stabilisieren. Durch diese Idealisierung der Opferposition kann das vorübergehend gelingen. Geschieht dies mit Erfolg, so kommt es für das Opfer zu einer ganz unheilvollen Dynamik: Denn sind wir großartige Opfer, nicht einfach Opfer, dann bleiben wir in dieser Opferposition beharrlich und unbeweglich sitzen. Es gibt dann keinen Grund mehr, warum wir uns bemühen sollten, uns aus der Opferposition herauszubewegen. Menschen, die ihre Opferposition idealisieren, äußern meistens recht viel Selbstmitleid, eine Art von verfehlter Empathie mit sich selbst. Dieses Selbstmitleid klingt oft wehleidig und artet häufig in ein notorisches Klagen aus. Es ist ein Klagen nur um des Klagens willen. Diese Haltung ist allerdings in unserer Gesellschaft im Moment durchaus modisch. In der Schweiz etwa ist das Nörgeln ein Volkssport. Man muß an allem ein bißchen herumnörgeln und kann nichts stehenlassen. Man kann nicht anerkennen, daß etwas auch einfach gut ist, interessant und spannend. Es ist aber auch nicht genügend Aggression da, um sich kundig und unzufrieden um Veränderung zu bemühen.

Dieses Selbstmitleid ist eine Form der verfehlten Empathie. Befindet man sich in der Opferposition – auch wenn

90

sie im Moment grandios überhöht werden kann –, so ist man in einer sehr üblen Position. In dieser Position idealisiert man sich nur selber; kommt von außen Kritik, braucht man sehr viel Kraft, um diese Idealisierung aufrechtzuerhalten. Statt sich zu bemitleiden, wäre es wichtig, in einer so schwierigen, beschämenden Situation mit sich selbst wirklich empathisch zu sein. Mitgefühl mit sich selbst zu entwickeln, sich die ganze Misere dieser Situation ohne Selbstvorwürfe einzugestehen. Dann würden vielleicht Ideen auftauchen, wie man sich aus dieser Opferposition herausbewegen kann. Genau dies verhindert das Selbstmitleid: statt aus der Empathie heraus Veränderungsimpulse wahrzunehmen, wird die Situation stabilisiert. Auch wenn mit dem Selbstmitleid eine richtige Richtung angesprochen wird, man müßte sich mit sich selbst gefühlsmäßig befassen, das heißt, man müßte empathisch werden mit sich selbst, so verhindert gerade das Selbstmitleid eine Veränderung. Empathie und Selbstmitleid sind nicht dasselbe. In der Empathie haben wir ein echtes Mitgefühl mit uns selbst, das viele mögliche Schattierungen haben kann und das dazu führt, daß wir unsere tiefsten Bedürfnisse und Schwierigkeiten wahrnehmen und uns diesen entsprechend zu verändern tendieren. Im Selbstmitleid bedauern wir uns und erwarten, daß uns irgend jemand endlich hilft, uns sieht, von außen etwas verändert.

Opfer und Opferschatten

Wie reagiert man nun auf Menschen, die sich als grandiose Opfer darstellen, außerhalb einer therapeutischen Situation? Oft bemerkt man, daß man insgeheim diese Menschen verachtet. Opfer sind nicht attraktiv. So kommen etwa an die Adresse des Opfers immer auch Vorwürfe von außen: „Verändere dich", „tu etwas", „selber schuld". Wenn man ehrlich ist und diesen Gedanken zuläßt, merkt man, daß in solchen Sätzen auch Verachtung mitschwingt. Das hängt sicher damit zusammen, daß Opfer sich in der Regel wirklich nicht attraktiv darstellen und zum andern auch damit, daß wir sehr stark unseren eigenen Opferschatten auf die Opfer projizieren: Wir haben eine ungeheure Angst, selber ein Opfer zu werden. Wir sehen das zum Beispiel an solchen Aussagen: „Hättest du das gemacht, dann…" – „Ich habe dir ja schon vor sechs Jahren gesagt, daß du das und das hättest machen müssen." Es nützt dem anderen überhaupt nichts, wenn man heute zu ihm sagt: „Hättest du nicht vor sechs Jahren diesen Entschluß gefaßt, dann wäre es jetzt nicht zu dieser Katastrophe gekommen." Die Opfer mit Vorwürfen einzudecken ist die häufigste und am wenigsten hilfreiche Art, mit ihnen umzugehen. Darin kommt die ganz große Angst zum Ausdruck, selber Opfer zu werden.

Man wird damit zum Angreifer, zur Angreiferin – und keineswegs in einem hilfreichen Sinn.

Da wir nämlich alle in bestimmten Lebensbereichen auch Opfer sind, aber davon überzeugt sind, daß wir das nicht sein sollten, greifen wir Menschen, die sichtbar in der Opferposition sind, so leicht an. Gelegentlich ziehen Menschen, die sich in ihrer Opferposition einrichten, daraus auch noch auf ihre Weise einen Profit. Dann werden wir auf diese Menschen zudem noch neidisch.[16]

Wir haben gesehen, daß diese grandiose Opferposition eine Position des totalen Rückzugs ist, in der man den Willen zur Veränderung aufgibt. Alles Lebensvolle, alles, was auf Veränderung hin tendiert, auf Verbesserung dieser Situation, ist eine Bedrohung. Es geht nichts mehr, und es darf auch nichts mehr gehen. Auf diese Weise wird das Thema des Opfers das Wichtigste im Leben. Damit stellt sich aber die Frage, ob er oder sie vielleicht wirklich etwas opfern müßte und ob mit diesem Verhalten das alte Menschheitsthema des Opfers angesprochen ist. Müßten diese Menschen tatsächlich etwas opfern, und wenn, was? Bei einem solchen Beharren auf einer Opferposition spielt gelegentlich sogar eine Identifikation mit Christus mit herein: Dann allerdings nur mit dem Leidensaspekt und natürlich ohne die Bereitschaft, das eigene Leben wirklich

---

[16] Verena Kast: Neid und Eifersucht. Die Herausforderung durch unangenehme Gefühle, Zürich 1996.

hinzugeben. Das Eigentümliche bei Menschen in dieser Opferposition ist, daß sie gerade diese Position nicht opfern können und wollen. Schließlich kann darin sogar eine latente Liebe zum Leben zum Ausdruck kommen.[17] Etwas zu opfern kann auch heißen, einem Gott etwas zu opfern, dadurch den Gott oder die Göttin zu versöhnen und die Beziehung zu ihm oder zu ihr zu erneuern. Damit würde man auch selber neu werden, mit neuer Bedeutsamkeit im Leben stehen, und darin könnte sich eine Liebe zum Leben ausdrücken.

Der Gedanke, sich zum Opfer bringen zu können, ist eine Vorstellung, die die Menschheitsgeschichte durchzieht. Es ist am deutlichsten ausgeprägt in der Gestalt von Christus: Sich zum Opfer zu bringen, damit eine wesentliche Wandlung für die Menschheit geschieht, eine Verbesserung der Lebensqualität, das ist der Sinn der Opfervorstellung. Dieser Gedanke des Sich-zum-Opfer-Bringens wird dort sichtbar, wo jemand sich ganz in den Dienst einer Sache stellt, in Erwartung eines Wunders. Dabei ist wohl der Aspekt der totalen Hingabe sehr wichtig – beim Verharren im Opferstatus haben wir die totale Preisgabe! Ein solches Opfer ist aggressiv: Jemand setzt im Bewußtsein, keine andere Wahl zu haben, alle seine Kräfte ein und gibt sich total hin. Noch klarer zum Ausdruck kommt die Aggression bei jenen Menschen, die ihr Leben opfern und dabei die Welt mit diesem Opfer auf einen Mißstand auf-

---

17 Verena Kast: „Zum Opfer werden" – eine „latente Liebe zum Leben?" In: Schleswig-Holsteinisches Ärzteblatt, Heft 10, 1982, 816–821.

merksam machen, und dieses Opfer erschüttert. Ich denke an den aus Protest fastenden Gandhi oder an die erschütternden Selbstverbrennungen, die von buddhistischen Mönchen aus Protest gegen den Vietnamkrieg begangen wurden. Bei diesem aktiven Opfer ist die Aggression nicht abgespalten, sondern sie ist Bestandteil des Opfers, drückt aber auch aus, daß anders eine Veränderung nicht möglich ist. Das Thema des Opfers berührt eine Grenzsituation des menschlichen Lebens, einen radikalen Entschluß, der vom Gedanken des Absoluten durchdrungen ist.

Es könnte durchaus sein, daß auch der resignierte Mensch in der passiven Opferrolle diese Veränderung, diese ganze Hingabe letztlich auch meint, sie aber nicht erreicht. Denn auch diejenigen, die sich zum Opfer machen, wirken in ihrer kraftlosen Verweigerung aggressiv. Der aktive Opfernde übernimmt die Verantwortung für das, was jetzt geschieht, voll und ganz. Das passive Opfer hingegen übernimmt zwar auch Verantwortung, aber sozusagen indirekt metaphysisch, für alles, was schon geschehen ist – es kann sich in dieser Haltung vor lauter Schuldgefühlen nicht mehr bewegen und kann die Verantwortung gerade nicht mehr übernehmen. Seine Antwort müßte eine so grundsätzliche, so entscheidende sein, daß sie gar nicht mehr zu geben ist. Passive Opfer geben sich lieber ganz verloren, weil sie mit dem alltäglichen Verlust nicht leben können. Sie geben sich selber zum Opfer – aber welchen Göttern, mit welchen Hoffnungen? Der Wunsch und die Sehnsucht nach Wandlung, die Sehnsucht nach Verbindung mit etwas Größerem, Umfassendem erstirbt schließlich entweder in kläglicher Hilflosigkeit oder in der grandiosen Ausschmückung der Opferposition, die das Opfer immer noch mehr zum Opfer werden läßt. Allenfalls besteht noch die Phantasie der ganz großen Rache, sollte es die Gunst der Stunde irgendwann einmal zulassen.

Ganz praktisch ist also die Aggression durchaus zu finden, in der die Möglichkeiten stecken würden, das notwendige Opfer auch wirklich zu vollziehen. Ich werde am Thema der „Komplexe" zeigen, wie man zu diesen aggressiven Seiten findet. Im übrigen geht es aber auch darum, die aggressiven Seiten auch im ganzen Beziehungssystem zu erfassen und sie auch anzusprechen. Verschweigt eine Therapeutin oder ein Therapeut zum Beispiel einem Menschen mit einer Angststörung die eigene Wut aus der Befürchtung heraus, daß die betreffende Person den Ärger des Therapeuten oder der Therapeutin nicht aushalten kann, etwa zusammenbrechen könnte, schwer gekränkt wäre, dann verändert sich nichts. Und man wird emotional unecht. Um therapeutisch erfolgreich zu sein, ist emotionale Echtheit sehr wichtig.

Der Weg zur Aggression führt auch über die „Mut zur Angst". Dieser Ausdruck stammt von Karl Jaspers. Das heißt, wenn wir uns ängstigen, sollten wir uns auch fragen, ob wir wirklich zurückweichen müssen oder ob wir auch mutig sein könnten, ob wir diese Angst auch angehen könnten.

Und schließlich ist es sehr wichtig, den Abwehrmechanismus zu durchschauen, der in der Identifikation mit dem Angreifer wirksam wird. Man muß durchschauen, wo man sich in der Identifikation mit Angreifern und Angreiferinnen in eine Pseudoautonomie und in eine Pseudoaggressivität begibt, die nur vermeintlich nützt und tatsächlich sehr schadet.

Dabei geht es nicht nur um die Frage, wie man zu dieser verwandelnden Aggression findet, sondern auch darum, wie man das Selbstwertgefühl immer wieder regulieren und stabilisieren kann.

Normalerweise würde man nun suchen, wo Ressourcen liegen. Eigentlich hat fast jeder Mensch Oasen, in denen etwas gut ist und wo noch Ressourcen vorhanden sind. Aber wenn diese Idealisierung des Opferseins so groß ist, dann findet man diese Ressourcen nicht mehr. Wenn eine Therapeutin oder ein Therapeut darum immer wieder sagt: „Ja, aber da haben Sie noch etwas, oder dort haben Sie noch etwas", dann kommt dies überhaupt nicht an – die Ressourcen sind verschlossen. Viel besser ist es zu bestätigen, daß „so" wirklich gar nichts geht im Leben. Dann hat man eine Chance auf Widerspruch – oder der betreffende Mensch fühlt sich wenigstens verstanden. Die Intervention ist ehrlich: wenn man in der Opferposition beharren will, dann darf sich gar nichts verändern. In dieser Haltung geht wirklich gar nichts mehr. Und je mehr wir diesen Menschen zu zeigen versuchen, daß es vielleicht doch noch Schlupflöcher und Auswege gäbe, die es für uns gäbe, um so mehr werden sie uns als Angreifer und Angreiferinnen auffassen, um so mehr müssen sie uns beweisen, daß es für sie so nicht geht. Man muß die Opferposition opfern – daran führt kein Weg vorbei.

Natürlich kann man parallel dazu sich immer auch fragen, was denn eigentlich der Angreifer oder die Angreiferin in Angriff nehmen sollte, denn der Angriff erfolgt ja sichtlich am falschen Ort. Oder auch: Was müßte das Opfer angreifen, was müßte der Angreifer opfern.

Der Aggressor, das Opfer und die Komplexe

Warum ist es eigentlich so ungeheuer schwierig, aus dieser Aggressor-Opfer-Verklammerung herauszukommen? Warum sind die beiden Seiten so fast untrennbar miteinander verbunden? Wo ein Opfer ist, gibt es einen Aggressor, wo es eine Aggressorin gibt, gibt es ein Opfer. Bekommt ein Opfer Hilfe, so wird der Helfer sehr leicht zum Aggressor. Das kann so weit gehen, daß eine Hilfeleistung nicht als solche erkannt, sondern als Bedrohung erlebt wird. Und Menschen in der Opferposition scheinen auch vermehrt, Übergriffen ausgesetzt zu sein.

Bisher haben wir einmal mehr die Aggressorenseite betrachtet und einmal mehr die Opferseite. Es ist deutlich geworden, daß der Aggressor oder die Aggressorin Angst, Hilflosigkeit, Schuldgefühle, das Gefühl, abhängig und ausgeliefert zu sein, an das Opfer delegieren. Delegieren wir etwas, dann bringen wir einen anderen Menschen dazu, etwas für uns zu erledigen, auch psychisch. Wir sind dann überzeugt davon, daß wir uns damit dann nicht mehr zu beschäftigen brauchen. Allerdings haben wir immer etwas mit dem Menschen, dem wir etwas delegieren, zu tun. Statt uns mit dem Problem auseinanderzusetzen, haben wir nun in der Beziehung damit zu tun. Denn psychische Themen lassen sich nicht delegieren.

Das Opfer delegiert die Aggression, das Bewirkenwollen, das Bestimmen, das Zerstören, das Verachten, an den Aggressor oder an die Aggressorin. Die Aggressorperson fürchtet es dann. Die Aggressorperson ihrerseits delegiert die Angst an das Opfer, verachtet und bekämpft sie dort. Es geht also letztlich um eine Angst-Aggressions-Problematik. Dies ist schon anhand des Märchens vom Blaubart deutlich geworden. Im Grunde genommen müßten Opfer und Aggressor lernen, sowohl zu ihrer Angst als auch zu ihrer Aggression zu stehen.

Doch der Aggressor oder die Aggressorin wehrt die Angst kontraphobisch ab. Unter kontraphobisch versteht man, daß man eigentlich Angst hat, aber so tut, als ob man den Teufel nicht fürchten würde. Diese Haltung wird dadurch unterstützt, daß unsere Gesellschaft insgesamt eher kontraphobisch geprägt ist. Diese Haltung ist nicht mit dem Mut zur Angst zu verwechseln. Der Mensch, der Mut zur Angst hat, kann zum Beispiel ohne weiteres sagen: „Ich habe Angst, aber ich mache es jetzt, oder ich habe Angst, und ich zittere richtig, dennoch mache ich es. Wenn ich jetzt wieder zurückweiche, dann werde ich immer weiter zurückweichen." Der Kontraphobiker oder die Kontraphobikerin sagt: „Angst – das kenne ich nicht. Das ist etwas für die anderen." Diese Haltung findet man zum Beispiel recht häufig bei Bergsteigern. Man erkennt die Kontraphobiker daran, daß man in ihrer Nähe keine Angst zeigen darf. Würde man in ihrer Nähe Angst zeigen, dann würden sie ungeheuer ausfällig. Sie machen den Menschen, der Angst zeigt, sogleich zu einem ganz großen Opfer, auch wenn die Angst vollkommen berechtigt ist. Denn die von anderen geäußerte Angst gefährdet kontraphobische Menschen in ihrer Abwehr. Bergsteiger, die kontraphobisch sind, haben also insgeheim Angst, daß ihre Angst ebenfalls ausbrechen könnte, wenn jemand plötzlich seine berechtigte Angst zeigt. Kontraphobiker und Kontraphobikerinnen sind gefährlich. Denn die Angst soll uns ja warnen, sie hat die Funktion, uns anzuzeigen, daß etwas für uns gefährlich ist. Was für einen Menschen jeweils gefährlich ist, das ist allerdings von Mensch zu Mensch verschieden. Und was uns ängstigt, kann von außen oder von innen kommen. Kontraphobiker und Kontraphobikerinnen wissen nicht, was gefährlich ist. Wenn sie zum Beispiel in Funktionen sind, wo sie Verantwortung oder Bedeutung haben und sehr viel Einfluß besitzen, können sie Gefahrensituationen vollkommen unterschätzen. Setzte man allerdings die Überängstlichen an diese Stelle, dann wäre man schnell mit so viel Gefahrenkontrolle konfrontiert, daß das ganze Leben reglementiert wäre. Beides ist nicht ideal.

Die Abwehr der Aggressoren oder Aggressorinnen ist also kontraphobisch. Die Angst wird durch diese Abwehr an den Ängstlichen delegiert. Diese kontraphobische Position wird in der Regel dann auch noch idealisiert. Kontraphobisch zu sein heißt allerdings nicht notwendigerweise, daß man ein Aggressor oder eine Aggressorin ist. Man kann es aber leicht werden. Die Aufgabe der Opfer, die ihre

Aggression delegieren, wäre es, mit ihrer Aggression umgehen zu lernen. Dadurch aber, daß sie ihre Angst und
Aggression durch den Abwehrmechanismus der Identifikation mit dem Angreifer bannen, liegt die ganze Energie im
Grunde genommen beim Aggressor und bei der Aggressorin. Im Vergleich zur Opferposition ist dies die attraktivere
Position, wenn man schon zwischen diesen beiden Positionen wählen muß. Das gilt auch dann, wenn die Opferposition idealisiert wird und zur Erfahrung einer gewissen
Grandiosität führt. Die Aggression wird grundsätzlich in
unserer Gesellschaft zumindest heimlich immer noch
idealisiert. Das geschieht vor allem dort, wo Aggression
zur Gewalt wird.

So werden zum Beispiel in vielen Filmen, in denen
Gewalt eine Rolle spielt, die Aggressoren als ideale Gestalten dargestellt. Das sind meistens männliche Figuren, die
dann das Männerbild prägen, seit einiger Zeit aber auch
Frauen. Allerdings zweifle ich daran, daß das den Frauen
oder dem Frauenbild hilft, wenn es nun plötzlich Frauen
sind, die alles töten, was sich ihnen in den Weg stellt. Das
heißt natürlich nicht, daß das Klischee der ohnmächtigen
Frau weiterhin aufrechterhalten werden sollte. Doch gehört das eine Klischee nicht einfach durch ein entgegenge-
setztes ersetzt. Wünschenswert wäre, daß alle Menschen
den Umgang mit der Angst und den verantwortlichen
Umgang mit der Aggression entwickeln und daß sie dadurch zu Gestaltern und Gestalterinnen würden. Gerade
dadurch, daß Personen in Opferpositionen sich so leicht
mit dem Aggressor oder der Aggressorin identifizieren,

wird die geheime Idealisierung der Angreifer immer noch verstärkt.

Bei der Thematik von Opfer und Aggressor geht es also um den Umgang mit der Angst, der Aggression und ihrer Regulierung durch ein hinreichend gutes Selbstwertgefühl. Von diesen Elementen müssen wir ausgehen, wenn wir uns überlegen, wie man aus dieser Opfer-Aggressor-Thematik herauskommen kann.

Das problematische Selbstwertgefühl wird durch Grandiosität vorübergehend stabilisiert. Eine existentielle Möglichkeit, der Grandiosität zu begegnen, liegt in der Konfrontation damit, daß wir sterblich sind. Menschen, die dem Tod nahe waren, können in der Folge davon besser unterscheiden, was wirklich wichtig ist für sie im Leben, was trägt. Für Machtdemonstrationen haben sie dann nicht mehr viel übrig. Aber die Erfahrung, daß Leben endlich ist, kann man auch machen, ohne daß man durch eine Krankheit etwa dem Tode nahe war. Das ist eine Erfahrung, die mit zunehmendem Alter sich natürlicherweise einstellt. Kernberg[18] hat in einem sehr wichtigen Artikel behauptet, daß man die narzißtischen Störungen eigentlich erst in der Altersspanne ab 40 Jahren behandeln könne, und zwar dann, wenn es klar ist, daß das Leben endlich wird. Unter dem Eindruck der Endlichkeit des Lebens könne man die Grandiosität nicht mehr aufrechterhalten. Diese Grandiosität könnte man angesichts des Memento mori verlieren

---

[18] Otto Kernberg: Innere Welt und äußere Realität, München, Wien 1988, S. 137 ff.

und dadurch zu einer gewissen Bescheidenheit gelangen, die es unmöglich macht, sich als grandioses Opfer oder als grandiosen Aggressor oder als grandiose Aggressorin zu sehen.

Das Konzept der Komplexe

Im folgenden werde ich ein Konzept darstellen, das verdeutlicht, was im Unbewußten geschieht, wenn die Aggressor-Opfer-Thematik angesprochen wird. Im Konzept der Komplexe[19], das von C. G. Jung entwickelt wurde, werden deutlich diese Bilder von Aggressor und Opfer angesprochen. Das Konzept stammt aus dem Anfang dieses Jahrhunderts, und es ist außerordentlich interessant, daß am Ende dieses Jahrhunderts Daniel Stern[20] ein Konzept entwickelt hat, das dem der Komplexe sehr ähnelt. Stern geht allerdings auf die Komplex-Theorie nicht ein, sondern entwickelte seine Theorie aus der Beobachtung von Säuglingen. Wir werden später noch darauf eingehen.

Komplexe nennt man Inhalte des Unbewußten, die durch eine gleiche Emotion und eine vergleichbare Information verbunden sind. Der Ausdruck Komplexe ist inzwischen ein allgemein bekannter Begriff geworden. Viele Menschen sprechen von einem Mutterkomplex, einem Vaterkomplex oder einem Minderwertigkeitskomplex. Damit ist aber zu-

---

[19] Carl Gustav Jung: Allgemeines zur Komplextheorie. In: Die Dynamik des Unbewussten, GW Band 8, Olten 1934.
[20] Daniel N. Stern: Die Lebenserfahrung des Säuglings, Stuttgart 1992.

nächst sehr wenig ausgesagt. Wenn jemand von sich sagt, er habe diesen oder jenen Komplex, dann ist es eher eine Feststellung, die einen von der Arbeit an eigenen Schwierigkeiten abhält.

Komplexe führen uns aber auf eine Spur: Menschen haben eine je verschiedene Atmosphäre um sich, je nachdem, welche Komplexprägungen vorherrschen.[21] So lebt jemand mit einem ursprünglich positiven Mutterkomplex nach dem Prinzip „leben und leben lassen" und meint von sich selber, er oder sie sei grundsätzlich eine Bereicherung für die Welt, und die Mitmenschen sollten dies auch wahrnehmen und honorieren. Grundsätzlich sind sie davon überzeugt, ein guter Mensch in einer guten Welt zu sein. Jemand mit einem ursprünglich negativen Mutterkomplex hingegen würde das Gegenteil von sich sagen, sich als schlechter Mensch in einer schlechten Welt empfinden, als Mensch ohne Daseinsberechtigung. Diese Menschen müssen immer etwas tun, nützlich sein, hilfreich sein, damit sie sich halbwegs akzeptabel fühlen. Das sind natürlich zwei ganz verschiedene Lebensgefühle, die sich auch im Kontakt mit Menschen unterschiedlich mitteilen.

Jede Komplexprägung hat ihre Vor- und ihre Nachteile. Komplexe sind Brennpunkte unserer Entwicklung, und an ihnen kann und muß man arbeiten. Wir wenden uns den Komplexen zu, um herauszufinden, wie wir uns aus der Aggressor-Opfer-Fixierung herausentwickeln können.

---

[21] Verena Kast: Vater-Töchter, Mutter-Söhne. Wege zur eigenen Identität aus Vater- und Mutterkomplexen, Stuttgart 1994.

Wir werden uns daher nicht auf die großen Kategorisierungen von Komplexen beziehen, sondern viel kleinere Komplexeinheiten suchen und mit unseren Überlegungen, wie man sich aus dieser Verklammerung von Aggressor und Opfer lösen kann, dort ansetzen.

Das Konzept der Komplexe hat eine große Ähnlichkeit mit dem Konzept der „generalisierten Interaktionsrepräsentationen", den sogenannten RIGs (Representations of Interactions that have been Generalized; RIGs)[22], von Daniel Stern. Stern geht dabei vom „Episodengedächtnis"[23] aus, das Tulving beschrieben hat, als Erinnerung an reale Erlebnisse und Erfahrungen. Diese erinnerten Episoden können ganz banale Alltagsereignisse betreffen, etwa das Frühstücken, oder aber auch wichtige emotionale Ereignisse, etwa unsere Reaktion auf die Nachricht der Geburt eines Kindes usw. Im Episodengedächtnis sind Handlungen, Emotionen, Wahrnehmungen usw. erinnert als an sich unteilbare Einheit, wobei man natürlich auf die einzelnen Aspekte, etwa die Emotion, fokussieren kann. Treten nun vergleichbare Episoden immer wieder auf – z.B. Brust, Milch, Sättigung –, so werden diese Episoden generalisiert, das heißt, das Kind erwartet, daß sich auch in Zukunft diese Episode in dieser Art einstellen wird. Diese generalisierte Episode ist nicht mehr eine spezifische Erinnerung, „sie enthält vielfältige spezifische Erinnerungen... Sie stellt eine Struktur des wahrscheinlichen Ereignis-

---

[22] Stern: Lebenserfahrung (s. Anm. 20), S. 143 ff.
[23] Edward Tulving: Episodic and semantic memory. In: E. Tulving und W. Donaldson (Hg.): Organization of memory, New York 1972.

verlaufs dar, die auf durchschnittlichen Erwartungen beruht."[24] Dadurch werden natürlich auch Erwartungen geweckt, die enttäuscht werden können. Diese RIGs entstehen nach Stern aus allen Interaktionen, sie sind für ihn Grundeinheiten der Repräsentation des Kern-Selbst und vermitteln dem Säugling das Gefühl, ein zusammenhängendes Kern-Selbst zu haben. Dies ist die Grundlage des Identitätserlebens.

Zwischen diesem Konzept der RIGs und dem Konzept der Komplexe kann ein Zusammenhang hergestellt werden.

Die Theorie des Episodengedächtnisses würde erklären, wie Komplexe überhaupt als Repräsentationen im Gedächtnis gespeichert werden, es ist damit auch erklärt, daß die Komplexe in bestimmten Situationen, die diesen prägenden Episoden gleichen, konstelliert und reaktiviert werden, daß sie aber auch über Empfindungen, die mit diesen Episoden zusammenhängen, oder mit Emotionen, die an die prägenden Episoden erinnern, hervorgerufen werden können.

Für das Konzept der Komplexe sind nicht alle RIGs wesentlich, sondern jene RIGs, in denen schwierige Situationen generalisiert worden sind. Dieses Konzept würde zudem der Erfahrung Rechnung tragen, daß die Erwartungen, die aus den komplexhaften Erinnerungen stammen, selten mit einer einzigen erinnerten Episode übereinstimmen. Komplexe entstehen selten aus einer einzigen trau-

---

[24] Stern: Lebenserfahrung (s. Anm. 20), S. 142.

matischen Situation. Sie stellen wirklich so etwas wie eine generalisierte Erwartung dar. In ihr zeigt sich, daß komplexhaftes Erleben und Verhalten daraus resultiert, daß sich immer wieder ähnliche Interaktionen zwischen den Beziehungspersonen und dem Kind ereignen. Es ist zwar wichtig und möglich, Komplex-Episoden zu erinnern: etwa das Bild eines streng blickenden Vaters, übergroß über einem verschwindend kleinen Buben, der am liebsten in den Boden versinken möchte und mit zugeschnürter Kehle aus Angst keinen Ton herausbringt. Doch es ist damit nicht gesagt, daß diese Episode als solche so wirklich erlebt worden ist. Sie bleibt aber als Bild des Komplexes, als Bild einer generalisierten Episode aussagekräftig. Dieser Aspekt ist besonders wichtig, weil gelegentlich ganz eindimensional aus den Bildern der Komplexe auf das konkrete Wesen und das Verhalten der konkreten Eltern zurückgeschlossen wird, das Phantasiebild also mit dem Realbild der Person gleichgesetzt wird. Natürlich haben diese Episoden etwas mit der realen Präsenz der Eltern, die sich in der Interaktion ausdrückt, zu tun, sie sind aber nicht einfach deckungsgleich zu behandeln. Dies gilt nun ganz besonders von den „Mutterkomplexen" und den „Vaterkomplexen" im allgemeinen, die sozusagen die Generalisierung der generalisierten Episoden mit Mutter und Mütterlichem, mit Vater und Väterlichem umfassen, und dem Leben ein deutliches emotionales Gepräge geben. Und ganz und gar unstatthaft wäre es, aufgrund der Mütter und Väter unsere Komplexe auf das Wesen der Frau oder des Mannes zu schließen, denn Komplexe sind „Interaktionsprodukte", und Frauen sind nicht nur Mütter, Männer nicht nur Väter. Dazu kommt in der Jungschen Psychologie, daß sozusagen von innen her noch einmal eine Erwartung mehr besteht: Es gibt nicht nur die Erfahrung mit der persönlichen Mutter und dem persönlichen Vater, sondern in jedem Menschen ist auch die Erwartung an archetypisch Mütterliches und archetypisch Väterliches angelegt; jeder Mensch erwartet ein gewisses Maß an Mütterlichem und Väterlichem.[25] Aus dieser Sicht wäre auch eine generalisierte Erwartung – im Sinne eines kollektiven Phantasiepotentials – im Kind zu verstehen, die zunächst nichts mit der realen Erfahrung der Interaktion mit den Eltern zu tun hat, vermutlich aber durch die Interaktion belebt wird.

Eine weitere Verbindung der beiden Konzepte besteht darin, daß die Komplexe ein Leben lang entstehen können, daß sie aber auch in jeder Lebensphase bearbeitet werden können. Für Stern bleiben die verschiedenen Ebenen des Selbstempfindens, und damit auch der Bildung der RIGs auf den verschiedenen Ebenen des Selbstempfindens, das ganze Leben hindurch aktiv und in Entwicklung.[26] Im Zusammenhang damit steht auch eine therapeutische Überlegung, die wiederum auf Gemeinsamkeiten in diesen Konzepten hinweist: Arbeiten wir an komplexhaften Lebensthemen, dann ist es nicht notwendig, auf die prägende Situation zurückzugreifen. Es genügt, wenn eine Episode, die auf den Komplex hinweist, erlebt wird. Möglicherwei-

---

[25] Jung (s. Anm. 19) GW Band 10, S. 49 ff.
[26] Stern: Lebenserfahrung (s. Anm. 20), S. 380.

se wird zum Beispiel durch einen konstellierten Komplex, etwa durch eine durch den Komplex geprägte Beziehungssituation in der Therapie, eine frühere Situation in der Kindheit erinnert, die sich „gleich" anfühlt. Damit kann gearbeitet werden. Das Suchen nach der frühesten Situation ist nicht notwendig, denn jede Komplexsituation hat die generalisierte Episode mit den damit verbundenen Wahrnehmungen und Empfindungen in sich und vor allem mit den damit verbundenen Affekten. Für Stern ist in diesem Zusammenhang wichtig, den „narrativen Ausgangspunkt" zu finden, die Schlüsselmetapher.[27] Er empfindet die Suche nach der „Urfassung", die der Theorie entsprechend letztlich unverstellt sein sollte, als ein Prozeß ohne Ende, mit wenig Erfolgschancen, da ein Hauptproblem ja wohl darin besteht, die Übertragungen von präverbalen Episoden in verbale zu vollziehen.[28]

Angeregt durch dieses Konzept von Stern, schlage ich vor, die Komplexe noch mehr als Bild einer generalisierten Episode zu betrachten. Natürlich hat man in der Tiefenpsychologie schon lange gewußt, daß die Mutter unserer Phantasie sich nicht notwendigerweise mit der konkreten realen Mutter deckt. Es ist ja im übrigen auch so, daß Mütter auch ein Leben haben und sich entwickeln. Die Mutter, die man mit vier Jahren hat, ist ja nicht mehr die Mutter, die man mit 25 oder gar mit 50 Jahren hat. Dennoch sagen wir: „Meine Mutter war so und so." Dies ist dann eine Ge-

---

[27] Ebd., S. 364.
[28] Ebd., S. 363.

neralisierung und hat im wesentlichen mit der Komplexprägung zu tun. Daher ist es ganz klar, daß die Mutter
unserer Komplexe nicht identisch ist mit der konkreten
realen Mutter. Und wenn Therapeuten und Therapeutinnen gelegentlich dazu beitragen, diese Gestalten zu verteu-
feln, und sagen: „Sie haben wirklich eine furchtbare Mutter gehabt", könnten sie besser und genauer sagen: „Sie
haben furchtbar gelitten, es muß ganz schwer für Sie gewesen sein." Aber sie können keinesfalls sagen: „Sie haben
eine furchtbare Mutter gehabt", weil sie es schlicht und
einfach nicht wissen. Doch die Gefühle, die diese Menschen haben, sind ganz real und wirklich. Auch was sie
erlebt haben, ist ganz wirklich, nur unser Urteil ist unstatthaft.

Angeregt von der Idee des Episodengedächtnisses, versuchen wir auch die Komplexe, die Schlüsselsituationen,
stärker als Episode zu sehen und zu spüren. Man stellt sich
eine Situation bildhaft vor, von der man den Eindruck hat,
sie sei prägend gewesen, fragt nach den Gefühlen, die damit
verbunden sind, danach, ob man etwas hört, riecht, eine
spezielle Berührungs- oder Bewegungserinnerung hat usw.
In der Erinnerung versucht man also, eine Episode so bewußt wie möglich wahrzunehmen, in dem alle Kanäle der
Wahrnehmung nach Möglichkeit genützt werden.

Übung

Entspannen Sie sich. Dann nehmen Sie Ihren Atem wahr, folgen Sie Ihrem Atem, und beim Ausatmen lassen Sie Spannung los. Sie verändern Ihren Atem nicht, sie nehmen einfach Ihren Atem wahr. Jetzt suchen Sie nach einer Situation, in der Sie über-reagiert haben. Sie brauchen vielleicht etwas Zeit. Wenn Sie eine solche Situation erinnern, dann versuchen Sie, sich die Situation noch einmal ganz genau zu vergegenwärtigen. Auch zu verge-genwärtigen, wie Sie sich selber gefühlt oder empfunden haben in dieser Situation. Was in Ihnen alles abgelaufen ist, welche Handlungsabsichten Sie hatten usw. Lassen Sie sich Zeit für eine genaue Erinnerung. Dann lösen Sie sich von den Bildern und Empfindungen.

Ich habe mit Hilfe dieser Imagination versucht, eine Kom-plexepisode aus der Vergangenheit wiederzubeleben. Wo wir einen Komplex haben, reagieren wir sehr emotional. Wir selber haben natürlich in der Regel nicht das Gefühl, überreagiert zu haben, aber unsere Mitmenschen erleben unsere Reaktion als Überreaktion und können uns dies auch mitteilen. Wenn wir die Wahrnehmung für uns selbst geschult haben, eine gewisse Bewußtheit für uns selbst haben, fällt uns unsere Überreaktion auf. Es gibt ganz bestimmte Situationen, in denen wir zumindest innerlich hochgehen wie Raketen, die Emotion und die Abwehrme-chanismen sind da, bevor wir eine Überlegung anstellen können. Wir sagen dann jeweils Sätze wie: „Mir geschieht immer dasselbe, immer bin ich das arme Würstchen, immer werde ich beschimpft usw. Das werde ich jetzt nicht mehr mit mir geschehen lassen." Diese Sätze sind bereits ein Kompromiß zwischen der eigentlich ursprünglichen Emotion, wie z. B. Wut, und deren Abwehr. Werden wir auf einem Komplexgebiet angesprochen, dann springt eine Emotion an. Es springt natürlich auch ein Lebensthema an, mit Erinnerungen an Erfahrungen und Phantasien, und wir wehren die Emotion ab, wie wir sie schon immer in unserem Leben im Zusammenhang mit diesem Komplex abgewehrt haben. Ein Muster zeigt sich, und es ist sinnvoll, diese überschaubaren Muster anzuschauen, weil man an ihnen sehr gut arbeiten kann.

Überreaktionen können sich auch in einem übertriebenen Rückzug ausdrücken. Nicht alle Menschen platzen mit den Emotionen heraus; es gibt auch Menschen, die sich in einer emotionalen Situation sehr zurücknehmen. Sie explodieren nicht, sie implodieren, werden ganz still, sind irritiert. Als Bezugsperson muß man nicht etwa einen Wutanfall aushalten, sondern man muß mühsam versuchen, den abgebrochenen Kontakt wiederherzustellen. Die Art des Überreagierens sagt auch etwas darüber aus, wie man in dieser Komplexsituation die Aufmerksamkeit der Mitmenschen auf sich zieht. Wer beim Überreagieren sich übertrieben zurückzieht, provoziert natürlich, daß man sich um ihn oder sie sehr bemüht. Wer platzt, provoziert damit, daß die anderen fliehen. Man reagiert auch nicht bei allen Komplexkonstellationen gleich, obwohl man sicher eine Präferenz hat. Es gibt Komplexe, bei denen man eher wütend platzt, und andere, bei denen man verstummt – ganz davon abhängig, wie die Emotion und die Verarbeitung der Emotion der Prägesituationen war.

Übersehenwerden als Komplexthema

Nehmen wir an, „übersehen zu werden" ist ein Komplexthema. Das bedeutet, daß diese Person irgendwann – und wahrscheinlich immer wieder einmal – in ihrem Leben übersehen worden ist. Komplexe können sich während des ganzen Lebens entwickeln. Es ist nicht so, daß sie sich nur in den ersten Lebensjahren entwickeln würden, auch wenn sie für die Entwicklung von Komplexen eine sehr sensible Phase sind. Es lassen sich aber im Laufe des Lebens immer wieder neue entdecken, und ich meine festzustellen, daß das höhere Alter wieder eine Lebensspanne ist, in der sich viele Komplexe entwickeln können. Ein Komplex ist nicht etwas, was man einmal hat und sich dann irgendwie auflöst und der dann nie mehr auftaucht. Ein Komplex kann immer wieder neu und anders entstehen. Jung hat die Komplexe als die Brennpunkte des Individuums bezeichnet. Es sind Knotenpunkte, die Konfliktstellen mit einem hohen emotionellen Gehalt bezeichnen. Sie sind also Stellen größter Lebendigkeit, die zum Ausdruck kommt, wenn man sich über gewisse Themen sehr aufregt und „hochgeht". Komplexe sind auch Stellen größter Unangepaßtheit. Mit einem Komplex „Übersehen werden" reagieren wir auf einen Menschen, der uns übersieht, so, als ob er alle

Menschen in sich vereinen würde, die uns schon einmal übersehen haben. Möglicherweise sind wir in dieser speziellen Situation und von diesem Menschen gar nicht übersehen worden, sondern bloß nicht in der Weise wahrgenommen worden, wie wir hätten wahrgenommen werden wollen. Mit diesem Komplex geht man in der Erwartung an andere Menschen heran, daß sie einen übersehen. Das äußert sich manchmal auch im körperlichen Ausdruck und in der Erscheinung als ganzer. Es gibt Menschen, die sich ganz betont grau machen. Dann kann es tatsächlich geschehen, daß man sie wirklich fast nicht sieht. Es kann auch sein, daß man mit jemandem spricht oder diskutiert und dann plötzlich feststellt, daß dieser Mensch eigentlich gar nicht präsent ist. Dann ist es einfach, einen solchen Menschen zu übersehen. Mit diesem Komplex erwartet man und verhält sich oft auch so, daß man übersehen wird. Man ist zudem Spezialist oder Spezialistin für Situationen, in denen man selber übersehen werden könnte; man sucht geradezu die Situation oder das Thema „Übersehen werden". Man ist aber auch sensibilisiert auf Situationen, in denen andere Menschen übersehen werden. Die Sensibilisierung auf das Thema geht so weit, daß man etwa eine bestimmte politische Partei wählt, weil diese sich mit den Übersehenen beschäftigt.

Unsere Komplexe strukturieren also deutlich unsere Interessen und unsere Wahrnehmung von Welt. Komplexe sind also etwas ganz Normales. Nur immer die gleichen Komplexe zu haben engt ein: Wenn die Komplexe uns haben und wir nicht mehr die Komplexe, dann muß etwas geschehen. Das gilt natürlich auch für Situationen, in denen wir überreagieren: Hier hat der Komplex uns und nicht wir den Komplex: Das heißt, wir werden von etwas Unbewußtem kontrolliert und können nicht mehr bewußt die Situation kontrollieren. Wir sagen oder tun Dinge, die wir hinterher vielleicht bedauern. Und dann kritisieren wir uns selbst dafür, wir schämen uns, daß wir so unkontrolliert sind.

In der therapeutischen Situation konstellieren sich die Komplexe. Plötzlich werfen Analysanden der Analytikerin vor, sie würden nicht gesehen. Vielleicht fügen sie sogar an, das könnten sie gut verstehen, denn ihnen geschehe das immer wieder. Aber die immerwährende Wut ist nicht zu verleugnen. In der therapeutischen Situation kann man sehr gut herausfinden, was geschehen ist und welche Phantasien und Gefühle vorhanden sind. Da alle Menschen Komplexe haben und alle in manchen Situationen überreagieren, müßten wir auch außerhalb der therapeutischen Situation mit den Komplexen umgehen können. Das heißt, wir müßten uns die Frage nach Schlüsselsituationen in unserem Leben stellen. Wir müßten uns fragen, wann wir diese Komplexreaktion schon einmal erlebt haben. Dazu muß man nicht in die allererste frühe Kindheit zurückgehen. Es genügt eigentlich, daß man sich fragt: Wo gab es einmal eine Situation, wo ich das, was jetzt als Phantasie auftaucht, tatsächlich erlebt habe? Es geht also darum, eine ganz bestimmte, konkrete Situation zu identifizieren und nicht bei dem allgemeinen Satz zu bleiben: „Ich bin immer übersehen worden."

118

Die Komplexepisode

Eine Frau, die einen Komplex hat im Bereich „Übersehen werden", erzählt: „Ich erinnere mich ganz klar an eine Situation, in der ich übersehen worden bin. Es war ein Sonntagnachmittag. Ich habe der Mutter vorgeschlagen, daß wir spazierengehen könnten. Die Mutter hat über mich hinweggesehen in die Ferne und hat gesagt: ‚Vorschläge von so kleinen Leuten beachte ich nicht.' Ich fühlte mich unendlich alleine, abgewertet, sehr klein gemacht; ich bin dann weggegangen und habe mit meinen Puppen ‚Spaziergang am Sonntagnachmittag' gespielt."

Ob ihre Mutter diesen Satz wirklich gesagt hat, ist nicht auszumachen. Was die Frau hier schildert, ist eine klassische Komplexepisode. Sie schildert einen Zusammenstoß mit der Mutter und das damit verbundene Gefühl des kindlichen Ichs, auch ein Bild ist damit verbunden: Sie fühlt sich „sehr klein gemacht". Sie fügt auch an, welche Strategie zur Bewältigung sie gewählt hat: Sie spielt mit der Puppe, was sie gerne konkret mit der Mutter ausgeführt hätte, den Spaziergang am Sonntagnachmittag. Die Frau hatte also schon als Kind einen kreativen Bewältigungsstil, um mit diesem Komplex umzugehen. Es ist bei der Schilderung einer Komplexepisode nicht auszumachen, ob diese Situation sich wirklich ereignet hat. Psychisch ist sie wirklich und wirkt. Wahrscheinlich sind solche Komplexepisoden eher generalisierte Episoden. Die Sätze der angreifenden Personenanteile in unseren Komplexen können sehr präzise sein, sie können auch von außen bestätigt werden, etwa durch Geschwister. Es können aber auch verschiedene Aussagen, die ein ganzes Feld von verwandten Aussagen abdecken, in einer Aussage komprimiert, eben generalisiert werden.

Eine solche Komplexepisode entspricht einer Schlüsselsituation und erklärt, warum aktuell dieser Komplex noch immer wirksam ist. Hat man eine solche Schlüsselsituation gefunden, dann kann man nach weiteren Schlüsselsituationen im Bereich der Komplexthematik fragen. Dahingehend befragt, erzählte die Frau, daß nicht nur die Mutter sie übersehen habe. In den ersten drei Schulklassen besuchte sie eine Schule, in der ein Lehrer gleichzeitig mehrere Klassen unterrichtete, insgesamt waren es sechs. Dieser Lehrer sagte regelmäßig zu den Kleinen: „Seid ruhig, kleine Kinder soll man nicht hören und nicht sehen, sie sollen nur da sein, und übrigens sauber gewaschen." Diesen Satz kannten Generationen von Schülerinnen und Schülern, und er wurde bei späteren Zusammenkünften auch immer wieder lauthals skandiert. Durch diese Erfahrung wurde das ursprüngliche Schlüsselerlebnis berührt, der Komplex verstärkt. Wir wissen nicht, weshalb die Mutter so reagierte und wie das Kind dies tatsächlich empfunden hat. Möglicherweise war die Mutter sehr traurig oder überfordert. Die kleine Tochter hatte keinen Raum, hatte kein Recht, das Leben mitzugestalten. Das ist sehr kränkend für ein Kind. Dann kommt es in die Schule und hört wieder dieselbe Botschaft. Die Frau ist überzeugt, daß sie auch von ihren Schulkameraden und -kameradinnen übersehen worden ist, und sie sagt rückblickend, sie hätte sich

120

auch immer möglichst unauffällig gemacht, damit sie bloß nicht störe. Sie zog sich in ihre Phantasie zurück. Alles, was sie eigentlich in ihrem Leben erleben wollte, hatte sie zumindest in der Phantasie erlebt.

Die Schlüsselerfahrung, die sie geschildert hatte, konnte also leicht ausgeweitet werden. Die mit diesen Komplexepisoden verbundenen Emotionen gleichen sich und wirken bis in die Gegenwart: Sie fühlte und fühlt sich allein, klein, wertlos, ohne die Fähigkeit, das Leben zu verändern. Die anderen Menschen, die sie übersehen, sind dann natürlich sehr groß und sehr wichtig. Der Aggressorpol des Komplexes wird von ihr auf diese anderen Menschen übertragen. Sie erwartet geradezu, daß man sie übersieht. Sie zieht sich vorsorglich in ihre Phantasie zurück, beklagt sich aber dann, daß das Leben an ihr vorbeigehe.

Es ist nicht notwendig, auf die ursprüngliche Prägesituation zurückzugehen, um den Komplex richtig zu erkennen. Die Tiefenpsychologie hat ja eine etwas archäologische Ader. Tritt keine Besserung in der Behandlung eines Menschen ein, besteht die Tendenz, nach einer immer noch früher in der Kindheit anzusiedelnden Problematik zu fahnden, in der irrigen Annahme, würde man *die* auslösende problematische Situation endlich finden, ließe sich das Problem auflösen. Komplexprägungen sind aber oft in der präverbalen Zeit anzusiedeln, oder die Grundlagen dafür sind präverbal – Komplexe entstehen, außer in traumatischen Situationen, nicht durch einen einmaligen Zusammenstoß, sondern oft durch die Wiederholung der immer wieder gleichen Beziehungskollusion. Meines Er-

121

achtens muß man nicht auf diese frühen Prägungen zurückgehen, um an den Komplexen arbeiten zu können, sondern man kann eine Schlüsselerfahrung aus dem späteren Leben auswählen, die emotional betont und daher lebendig in der Erinnerung ist.

Der Komplex als Opfer-Aggressor-Konstellation

Der Komplex wird in der Regel dargestellt als Zusammenstoß zwischen einer Gestalt, die man unschwer als Aggressor oder Aggressorin sehen kann, und einem Opfer. Das hängt mit einer Definition des Komplexes von Jung zusammen: „Er (der Komplex) geht offenbar hervor aus dem Zusammenstoß einer Anpassungsforderung mit der besonderen und hinsichtlich der Forderung ungeeigneten Beschaffenheit des Individuums."[29]

---

[29] Carl Gustav Jung, Psychologische Typologie, GW Band 6, § 991.

Nun entsteht eine Anpassungsleistung nicht im freien Raum, sondern sie wird in der Regel von Menschen an uns herangetragen. Wenn wir uns unsere Komplexstruktur vorstellen, dann haben wir ein Bild, auf dem sich meistens eine größere Person einer kleineren Person gegenübersteht.

In der Erzählung der Komplexepisode wird der Zusammenstoß, meistens zwischen einem Erwachsenen und einem Kind, auch zwischen einem Geschwister und dem erzählenden Ich geschildert. Dabei wird die Emotion, die damals das Kind hatte, eingehend geschildert. Es wird durch die Erzählung deutlich, in welchem Lebensbereich die Erzählerin oder der Erzähler gehemmt wurde. Die oben erwähnte Frau hatte den Eindruck, nicht gesehen zu werden, damit aber auch keine Wirkungsmöglichkeit in der Welt zu haben, um so mehr dafür in ihrer Phantasie. Dieses Sehen und Gesehen-werden-Wollen ist gehemmt, ihr Auf-die-Welt-Zugehen und Sich-Zeigen ist beeinträchtigt. Vieles, was zur normalen Präsenz des Ichs gehört, ist bei ihr gehemmt, und damit ist auch ihr Gefühl für ihren Selbstwert schwer beeinträchtigt. Dieses Nicht-gesehen-Werden ist mit dem Selbstwert verbunden. Ein Komplex im Bereich des Übersehen-Werdens könnte auch ganz anders gesetzt worden sein. Der Komplexausspruch könnte heißen: Du bist so häßlich, dich schaue ich nicht mehr an. Ein solcher Ausspruch hätte eine andere Wirkung: Da wird einem zumindest schon einmal attestiert, daß man vorhanden ist, zwar unannehmbar, aber da. Man wird übersehen, weil man nicht in Ordnung ist, man wird aber nicht grundsätzlich einfach nicht gesehen, bloß weil man ein Kind ist.

In einer Komplexepisode ist nicht nur ein Hemmungsthema ausgedrückt, es ist auch ein Entwicklungsthema latent vorhanden. Das Entwicklungsthema im Zusammenhang mit der geschilderten Komplexepisode würde heißen: Ich muß lernen, gesehen zu werden, ich muß mich sichtbar machen, ich muß lernen zu sehen. Sehen zu lernen deshalb, weil Menschen, die nicht gesehen worden sind, oft selber in gewissen Situationen eine Schwierigkeit haben, andere Menschen wirklich wahrzunehmen.

Ist ein Komplex unbewußt, dann erlebt sich das Ich als ein Opfer dieses Komplexes. Was kann diese Frau dafür, daß alle Menschen sie immer übersehen? Und daß sie dann jeweils nur maßlos enttäuscht und etwas trotzig sich in ihre Phantasie zurückziehen muß, die auch nicht mehr so befriedigend ist, wie sie einmal war?

Die Komplexepisode als Ganzes ist repräsentiert in unserer Psyche. Wir gehen aber damit so um, daß wir uns in der Regel mit dem Kindanteil identifizieren. Da sagen dann erwachsene Menschen: „Mir geht es immer noch wie damals bei der Mutter." Der Erwachsenenanteil wird dabei projiziert. Dies kommt in dem Satz zum Ausdruck: „Das ist nicht nur ein Komplex, die andern übersehen mich wirklich ständig."

Damit ist wieder die Opfer-Aggressor-Thematik angesprochen. Wir identifizieren uns mit dem Kindanteil des Komplexes, der meistens der Opferanteil ist. Den Erwachsenenanteil, der meistens der Aggressoranteil ist, projizieren wir. Man kann dann noch in relativ hohem Alter sagen: „Ich reagiere halt so, weil meine Mutter mich immer übersehen hat" oder: „Ich reagiere halt so, weil die anderen (Vater, Mutter, Geschwister) mich immer übersehen haben." Auch die Geschwister spielen eine große Rolle bei der Entstehung von Komplexen. Den Aggressoranteil projiziert man dann mit Leichtigkeit auf die anderen Menschen, man delegiert ihnen diesen Anteil auch, bringt sie dazu, sich auch im Sinne des Komplexes zu verhalten. Dadurch bleibt man das Opfer von diesen Aggressoren und Aggressorinnen. Nun ist aber diese komplexhaft betonte Beziehungserfahrung als Ganzes in unserer Psyche vorhanden: Der Opfer- und der Aggressoranteil sind ebenfalls in unserem Unbewußten repräsentiert, wir können uns also mit beiden Seiten identifizieren. Wir könnten auch beide Seiten projizieren. Die Frau, die einen Komplex im Bereich des Übersehens hat, hat selbst eine große Fähigkeit, alles zu übersehen, was sie nicht sehen will, alles zu überhören, was sie nicht hören will. Dies tat sie immer wieder in einer ganz besonderen Art. Nun muß ja jeder Mensch gelegentlich andere übersehen, um zu einem bestimmten Ziel zu kommen oder ein eigenes Bedürfnis zu befriedigen. Normalerweise weiß man dann aber, wen man übersehen hat. Diese Frau aber sieht nicht, wen sie übersieht. Teilt man ihr diese Beobachtung mit oder erwähnt gar, daß sie mit der sie übersehenden Mutter ihres Komplexes identifiziert sein könnte und sich also sich selber gegenüber, aber auch anderen gegenüber so benehmen könnte, wie ihre Mutter

125

sich ihr gegenüber benommen hat, dann besteht sie energisch darauf, daß sie immer alle Menschen sieht.

Diese unbewußte Identifikation mit der Angreiferposition im Komplex stellt das größte Problem im Umgang mit Komplexen dar. Wenn sie aber einmal erkannt ist, birgt sie allerdings auch die größte Möglichkeit in sich, sich aus den Komplexkonstellationen herauszuentwickeln und sich letztlich auch aus der Opfer-Aggressor-Verschränkung zu befreien. Um diese Entwicklung zu erreichen, müssen wir uns mit beiden Anteilen identifizieren. Identifizieren wir uns nur mit dem Kindanteil des Komplexes, dann entwickeln wir zwar Empathie für uns und unser Gewordensein in dieser Komplexkonstellation, allenfalls Empathie für uns als Kind. Ein Kind wird es als sehr verletzend erleben, wenn es einen Vorschlag macht, und nicht nur der Vorschlag nicht beachtet wird, sondern auch noch damit eine Entwertung der Person einhergeht. „Vorschläge von so kleinen Menschen beachte ich nicht." Man kann sich leicht in dieses Kind einfühlen, man wird auch annehmen, daß es einige solcher Situationen gab, und von daher ist es dann auch leicht zu verstehen, wie eine solche Komplexprägung zustande kommt. In der Identifikation mit dem Kindanteil des Komplexes bekommt man Verständnis für sich selber auch in den weniger akzeptablen Reaktionen auf dem Komplexgebiet. Bleiben wir aber nur mit diesem Anteil identifiziert, dann bleiben wir Opfer. Wir sind dann die Opfer unserer Geschichte, unserer Herkunft, und zudem auch immer wieder Opfer anderer Menschen, auf die wir den Erwachsenenanteil des Komplexes projizieren.

126

Denn dieser Anteil wird, wenn er uns nicht bewußt ist, projiziert. In Therapien erfahren wir, daß sich die Komplexe leicht aufspalten, da muß dann die eine Person den Kindanteil des Komplexes übernehmen, die andere den Erwachsenenanteil.[30] Und es ist nicht etwa so, daß der Analysand oder die Analysandin immer mit dem Kindanteil identifiziert wäre, und der Therapeut oder die Therapeutin jeweils mit dem Erwachsenenanteil. Man kann als Therapeut oder als Therapeutin ganz leicht in die Kindposition im Sinne des Komplexes kommen. Wenn die Frau mit dem Komplex im Bereich „Übersehen werden" mich jeweils übersehen hat, dann konnte ich mich ohne weiteres vorübergehend so fühlen, wie sich dieses kleine Kind damals etwa gefühlt haben muß. Diese Delegation eines Komplexanteils hat natürlich auch Vorteile: sie provoziert die Gegenübertragung[31], und das heißt, daß man dann als Therapeutin formulieren kann, wie sich das Kind in der betreffenden Lebenssituation etwa gefühlt hat. Die Personen fühlen sich dann verstanden und auch bestätigt: Viele Menschen trauen ihren Erinnerungen schlecht. Wird von

---

[30] Kast: Die Dynamik der Symbole (s. Anm. 12), S. 196 ff.

[31] Als Gegenübertragung verstehe ich alle Gefühle, die der Analytiker oder die Analytikerin in bezug auf den Analysanden oder die Analysandin hat, und die in irgendeiner Form festgehalten werden. Diese Gefühle können den Gefühlen des Analysanden ziemlich genau entsprechen und so einen Zugang zu verdrängten Gefühlen des Analysanden ermöglichen, es ist aber auch möglich, daß wir diese Gegenübertragungsgefühle abwehren, also einen Kompromiß zwischen den möglicherweise in beiden vorhandenen Gefühlen und deren Abwehr erleben. Es ist auch möglich, daß man fast wie unter einem Zwang stehend eine bestimmte Rolle übernehmen muß, die mit den Komplexaufspaltungen zu tun hat.

außen ein entsprechendes Gefühl mitgeteilt, dann sind sie in ihrer emotionalen Erinnerung versichert, und dies stiftet Selbstvertrauen.

Sagt man indessen einem Analysanden oder einer Analysandin, man fühle sich behandelt wie durch den Erwachsenenanteil ihres Komplexes, jeder Vorschlag werde überhaupt nicht in Erwägung gezogen, dann wird diese Deutung verworfen. Die Identifikation mit ihnen als Opfer wird gern angenommen, der Hinweis auf den Täter- oder den Täterinnenanteil hingegen kränkt. Diese Identifikation mit dem Erwachsenenanteil der Hauptkomplexe geschieht oft, wenn die betreffende Person als Kind überfordert wurde. Überforderte Menschen überfordern dann den Analytiker oder die Analytikerin, indem sie von ihm oder von ihr etwas erwarten, was einfach nicht möglich ist – ähnlich wie sie es als Kind erfahren haben. Diese Erfahrung mag allerdings auch eine zeitbedingte Komponente haben. Ich könnte mir vorstellen, daß in Kürze junge Menschen etwas andere Komplexe haben werden: etwa Komplexe, in denen ein unterfordernder Elternanteil auszumachen ist. Noch gleichen sich aber die Komplexgeschichten sehr: „Der Vater hat ja gewollt, daß ich schön sauber schreibe, als ich ein Erstkläßler oder eine Erstkläßlerin war, und ich wollte so gerne schön schreiben, und je verzweifelter ich wollte, um so häßlicher wurde es." Und die mit diesen Komplexen verbundenen Bilder gleichen sich ebenfalls: die Väter werden dann in der Phantasie drei Meter groß, sie schauen hinter ganz dicken Brillengläsern auf das Kind herunter und deuten mit einem ausgestreckten Finger auf das Beanstandete und sagen etwa: „Das mußt du aber viel sauberer machen, du taugst gar nichts. Wenn du so weiter schreibst, dann wird später nichts aus dir." Dies ist eine noch klassische Komplexepisode, die oft in ähnlicher Weise geschildert wird.

Sobald einige Beispiele benannt werden, wecken sie Erinnerungen an eigenes Erleben. Dabei müssen wir Komplexe, die mit starken Emotionen verbunden sind, unterscheiden von Komplexen, die wenig emotional betont sind, die in der Folge auch keine größeren Hemmungen verursacht haben, aber zum Beispiel doch erklären, warum Menschen immer wieder einmal für sie selbst „unbegründeterweise" irritiert und wütend werden, wenn jemand von oben herab – wörtlich oder bildlich gesprochen – mit ihnen spricht. Wenn sie etwa emotional reagieren, wenn der Zollbeamte durchs Autofenster eine einfache Frage stellt.

Es gibt solche stark emotionsgeladenen Komplexe. Wird ein solcher Komplex durch eine ähnliche Lebenssituation, durch ein ähnliches Thema oder durch eine vergleichbare Emotion angesprochen, dann konstelliert sich auch das Aggressor-Opfer-Thema. Diese emotionsgeladenen Komplexe spalten sich dabei besonders leicht auf, und – das ist für unsere Thematik sehr wichtig – sie können verändert werden, wenn es gelingt, sich mit dem Komplex so weit auseinanderzusetzen, daß man sich letztlich mit beiden Polen des Komplexes identifizieren kann.

Wie schon erwähnt, besteht die große Schwierigkeit darin, sich mit dem Angreifer- bzw. dem Angreiferinnenanteil zu identifizieren. Denn man hat sich ja lange beklagt darüber, was man von der Mutter, von dem Vater, von den einzelnen Geschwistern erlitten hat, man erzählt lange von der eigenen Opferposition, in der Hoffnung, daß man endlich verstanden wird, um dann schließlich sich gegenüber empathisch zu werden. Und jetzt soll man diese Angreifer plötzlich auch in sich selber ausmachen, sich bewußt werden darüber, daß man sich anderen Menschen gegenüber auch so benehmen kann wie der kritisierte Vater... Träume können dabei helfen. Denn was so lange in der Projektion belassen wurde, tritt oft in den eigenen Träumen auf – und man kommt nicht umhin, diese Träume auch subjektstufig zu beachten, das heißt, diese Angreiferanteile auch als Anteile der eigenen Psyche zu sehen. Will man sich damit auseinandersetzen, wird man rasch wieder auf die Objektstufe wechseln und den Traum als Abbild von etwas verstehen, was wirklich geschehen ist, und das vielleicht emotional immer noch nicht ganz verstanden ist. Es ist eine Kunst, im richtigen Moment auch die Subjektstufe zu beachten. Beharrt man zu früh auf der Subjektstufe, dann wird das Leiden, das den Komplex gesetzt hat, nicht wirklich erkannt, es kommt nicht richtig ins Gefühl. Dies ist besonders auch bei traumatischen Erfahrungen wichtig. Bleibt man andererseits bloß beim Verständnis der konkreten Lebenssituation, wie sie möglicherweise war, und versteht nicht, wie man selbst identifiziert ist – und zwar nicht nur mit der Opferseite, sondern auch mit der Täterseite –, dann wird der Komplex nicht aufgelöst, und die Komplexerfahrungen wiederholen sich immer wieder. Dann kommt es zu diesem ewigen Klagen. Denn man kann

130

sich überhaupt nicht verändern. Es ist daher als eine große moralische Leistung anzuerkennen, wenn wir auch die eigene Aggressorposition sehen können. Denn obwohl die Opferposition unattraktiv ist, ist es für die meisten von uns dennoch viel leichter, die Opferposition zu akzeptieren als die Täterposition. Das heißt nun natürlich nicht, daß wir einfach so bleiben, wie unsere bestimmenden Eltern gewesen sind, daß alle unsere Bemühungen, auch anders zu sein als unsere Eltern, ein eigenes Leben zu leben, erfolglos gewesen wären. Wir sind dann in Gefahr, uns mit dem Erwachsenenpol unserer Komplexe unbewußt zu identifizieren, wenn der Komplex konstelliert ist durch eine spezielle Situation in der äußeren Welt oder aufgrund von Träumen und Phantasien. Dann können wir selber auch wahrnehmen, daß wir uns nicht so verhalten, wie wir es von uns eigentlich erwarten. In diesen Situationen ist es sehr wichtig, daß wir uns die Frage zu stellen wagen, ob wir vielleicht in unserem Verhalten uns selber oder den Mitmenschen gegenüber so benehmen, wie wir es erinnern, daß wir behandelt worden sind, und wie wir das schon immer vermeiden wollten, und es auch immer einmal vermieden haben. Das Wahrnehmen dieser Situation, in denen wir einen Rückfall haben, mit allen damit verbundenen Emotionen, das Erschrecken darüber, daß wir uns so verhalten, wie wir uns auf gar keinen Fall verhalten wollen, hilft, auch diesen Komplexanteil ins Bewußtsein zu heben, und läßt neues Verhalten zu.

Die Wandlung der Komplexe

Komplexe als Brennpunkte der Entwicklung

Komplexe sind Brenn- oder Knotenpunkte des psychischen Lebens. Sie sind immer mit Emotion verbunden. Wo Emotion ist, ist Leben. Jeder Mensch hat verschiedene Komplexe, sie machen die psychische Disposition aus. Komplexe zeigen die Stellen des Unangepaßtseins. Komplexe springen meistens an, wenn das Lebensthema oder die Erfahrung, die im Komplex gebunden ist, angesprochen wird. Wenn also wiederum eine ähnliche Erfahrung gemacht wird, oder wenn sich ein ganz bestimmtes Gefühl oder Bild, das mit einem Komplex verbunden ist, konstelliert.

Das Gefühl der Einsamkeit am späten Sonntagnachmittag kann in der Frau mit dem Komplex im Bereich des Übersehenwerdens diesen Komplex aktivieren, auch wenn kein Mensch da ist, der sie übersehen könnte. Der Komplex kann also über Emotion oder über Information reaktiviert werden. Meistens steht dies im Zusammenhang mit einer Beziehungserfahrung, in der sich Aspekte des Komplexerlebens wiederbeleben.

Ist nun ein Komplex konstelliert, dann ist unsere Wahrnehmung etwas verzerrt. Wir nehmen die Situation durch die „Komplexbrille" wahr und deuten die Situation im Sinne des Komplexes. Beim Thema des Übersehens wähnt sich dann ein Mensch mit diesem Komplex schon lange „übersehen", bevor ein anderer Mensch das auch konstatieren würde. Oder dieser Mensch geht schon mit der Erwartung an eine soziale Situation heran, daß er oder sie bestimmt wieder übersehen werden wird.

Komplexbereiche können mit dem Assoziationsexperiment, das ebenfalls von Jung entwickelt worden ist, diagnostiziert werden.[32] Beim Assoziationsexperiment wird verlangt, daß man zu jedem Wort, das genannt wird (Stimulus, Reizwort), der erste Einfall genannt, also eine Assoziation beigebracht wird. Als Stimulus kann zum Beispiel das Wort grün gelten, und eine Assoziation dazu könnte „rot" sein, aber auch „Wiese" oder „Partei". Es sind viele Reaktionen möglich. Trifft ein Reizwort nun einen Komplexbereich, dann ist der Vorgang der Assoziation gestört, es setzen Abwehrmechanismen ein, die beobachtet und gemessen werden können. Je mehr Abwehrmechanismen beobachtet werden können, je mehr Abwehr also nötig ist, um die auftretende Emotion zu kontrollieren, um so emotionsgeladener ist der Komplex, der abgewehrt werden muß. Diese Komplexe springen natürlich nicht nur im

---

[32] Carl Gustav Jung: Experimentelle Untersuchungen über Assoziationen Gesunder. In: Experimentelle Untersuchungen, GW Band 2, Olten 1904;
Verena Kast: Das Assoziationsexperiment in der therapeutischen Praxis, Fellbach 1980.

Experiment an. Wir sind sprechende Wesen, und wir wissen in der Regel, welche Themen Emotionen auslösen. In gewissen Familien gibt es bestimmte Themen, die nicht angesprochen werden dürfen, und es gibt durchaus Codewörter, die dieses Thema anspringen lassen. Man weiß dann, spielt man einen gewissen Begriff aus, dann geht jemand in der Familie hoch. Als Kind nützt man das absolut aus. Man weiß ganz genau, was man sagen muß, um in ein Wespennest hineinzustechen. Es gibt allerdings auch so etwas wie Familienkomplexe, tabuierte Familienthemen, die immer über gewisse Begriffe, oder eben Codewörter, anzusprechen sind. Dasselbe gilt etwa auch für die Beziehung zwischen Kindern und Lehrerinnen und Lehrern.

Springt bei uns ein emotional bedeutsamer Komplex an, dann ist unsere Wahrnehmung verzerrt. Wir haben eine emotionale Überreaktion. Wir nehmen im Sinne des Komplexes wahr. Das ist auch ein Grund dafür, daß gleiche Situationen von verschiedenen Menschen verschieden wahrgenommen werden, je nach ihrer Komplexkonstellation. Diese Konstellationen sind sozusagen der Kontext, in dem Leben wahrgenommen wird.

Unbewußte Komplexe führen zu so etwas wie einem Wiederholungszwang. Wir erleben immer dasselbe, weil wir die Realität durch einen Komplex gefiltert erleben. Wir suchen aber auch immer – komplexbedingt – nach demselben, wir suchen nach denselben Beurteilungen und Bestrafungen, und wir bekommen diese auch. Und wir haben auch eine sich gleichbleibende Abwehr. Die Frau mit dem Komplex im Bereich des Übersehenwerdens hat sich zum

Beispiel in der Phantasie immer das geholt, was sie gebraucht hat. Das ist natürlich keine schlechte Abwehr. Ihr Selbstwertgefühl wurde dadurch reguliert und ausbalanciert, das Problem allerdings wurde nicht bearbeitet. Die Abwehr ist ja notwendig, sie bewirkt, daß wir nicht von den Emotionen überschwemmt werden. Sie könnte uns geradezu in den Zustand versetzen, in dem wir die Probleme eigentlich angehen könnten.

Auch wenn die Komplexe von der Innenwelt oder der Außenwelt nicht angesprochen, also nicht konstelliert sind, wirken sie dennoch: Sie strukturieren unsere Interessen. Sie strukturieren das Erfassen von Welt und, ob konstelliert oder nicht konstelliert, sie sind Ausgangspunkte für Phantasien. Eine starke emotionale Reaktion kann man meistens leicht in ein Bild übersetzen. Wir haben dies erfahren, als wir durch künstlichen Ärger eine Ärgerphantasie haben entstehen lassen. Solche Phantasien entstehen natürlich noch viel leichter und schneller, wenn ein echter Ärger vorhanden ist.

Emotionen können in Bilder umgesetzt werden, und dann ist es möglich, zu sehen, welcher Komplex mit der Emotion verbunden ist, aber auch, wie dieser Komplex im Medium der Phantasie ausgearbeitet werden kann. Gemäß der Theorie von der Selbstregulierung der Psyche[33] und den Komplexen liegt in der affektiven Störung die Energie, die dem Leidenden helfen könnte, sein Leben wieder effektiver zu gestalten. Man versenkt sich nun also in die Stim-

---

[33] Carl Gustav Jung: Die transzendente Funktion. In: GW Band 8, § 159f.

mungslage oder in die Emotion und schreibt alle Phantasien und alle Assoziationen, die auftauchen werden, nieder. Oder man gestaltet sie in irgendeiner anderen Form. Dieses Vorgehen, das weitgehend alle Techniken bestimmt, die im Rahmen der Jungschen Therapie angewendet werden, geht auf eine Erfahrung Jungs zurück, die beschrieben ist im Zusammenhang mit seiner Auseinandersetzung mit dem Unbewußten.[34] Jung beschreibt, wie er eine Situation, in der er sich offenbar emotional sehr aufgewühlt fühlte, bewältigte: „In dem Maße, wie es mir gelang, die Emotionen in Bilder zu übersetzen, d. h. diejenigen Bilder zu finden, die sich in ihnen verbargen, trat innere Beruhigung ein. Wenn ich es bei der Emotion belassen hätte, wäre ich womöglich von den Inhalten des Unbewußten zerrissen worden. Vielleicht hätte ich sie abspalten können, wäre dann aber unweigerlich in eine Neurose geraten, und schließlich hätten mich die Inhalte doch zerstört. Mein Experiment verschaffte mir die Erkenntnis, wie hilfreich es vom therapeutischen Gesichtspunkt aus ist, die hinter den Emotionen liegenden Bilder bewußtzumachen."[35]

Diese Phantasien können auch gestaltet werden, etwa gemalt oder sonst in irgendeiner Weise dargestellt.[36] Dennoch: wenn wir eine Ärgerphantasie haben, dann werden wir sie zunächst im imaginativen Raum haben.

---

[34] Aniela Jaffé: Erinnerungen, Träume, Gedanken von C. G. Jung, Zürich 1962.
[35] Ebd., S. 181.
[36] Ingrid Riedel: Maltherapie, Stuttgart 1992.

Die Schlüsselsituation imaginieren

Damit Komplexe sich verändern und wirklich bewußt werden können, müssen wir uns ein Bild von dem Komplex machen und die Komplexepisode, die uns einfällt, auch mit allen Modalitäten der Wahrnehmung wahrnehmen. Solange wir von den Komplexen bestimmt sind, herrscht Wiederholungszwang. Es bleibt immer dasselbe, immer dieselbe Emotion, immer dieselbe Abwehr. Wir können uns nur verändern, wir können uns nur wandeln, wenn uns diese Komplexe bewußt werden. Bewußt werden bedeutet wesentlich mehr als zu wissen, welche Komplexe man in etwa hat. Beim Bewußtwerden eines Komplexes identifiziert man sich mit der Kindposition und mit der Erwachsenenposition der Komplexepisode, und dies bietet dann auch die Möglichkeit, so mit der Opfer- und Aggressorposition umzugehen, daß man aus dieser Opfer-Aggressor-Falle herauskommt. Denn solange man nur mit dem Opferanteil des Komplexes oder nur mit dem Täteranteil des Komplexes identifiziert ist, bleibt man komplexbestimmt, man schaukelt bestenfalls von der einen Position in die andere und projiziert den Pol, mit dem man gerade nicht identifiziert ist. In der Folge werden dann die anderen Menschen entweder zu Opfern oder zu Aggressoren. In der therapeutischen Situation kann man über Wochen und Monate hinweg in diesem Wechselspiel bleiben, einmal ist die Analysandin mit dem Opferanteil des Komplexes identifiziert und an den Analytiker wird der Täteranteil delegiert, oder umgekehrt. Es verändert sich nichts, und man wird den Gedanken nicht los, man habe die richtige Schlüsselsituation nicht gefunden; wenn man indessen nur tief genug graben würde, dann könnte man die entscheidende Schlüsselsituation finden. Dies ist aber gerade in der Situation der kollusiven Aufspaltung der Komplexe nicht möglich. Damit Komplexe bewußt werden, muß man die jeweilige Schlüsselsituation, die sich gerade aufdrängt, sich im Alltag oder in der therapeutischen Beziehung ereignet oder sich in einem Traum äußert, mit allen Modalitäten der Wahrnehmung wahrnehmen: mit allen Sinnen, die uns zur Verfügung stehen, in der Vorstellung. Man kann die verschiedenen Sinne auch in der Vorstellung, in der Imagination, aktivieren.

Übung:

Stellen Sie sich vor, Sie fassen einen Baum mit einer sehr rissigen Borke an. Oder stellen Sie sich vor, Sie kratzen mit einem Nagel auf einer Glasplatte. Oder: Können Sie sich den Geruch von Basilikum in die Nase zurückrufen? Stellen Sie sich vor, Sie beißen in eine Zitrone. Oder stellen Sie sich das Meer vor bei Sturm. Oder: Stellen Sie sich eine wichtige Bewegung aus einer Sportart vor, die Sie betreiben oder betrieben haben.

Sie werden in der einen Modalität eine bessere Vorstellungskraft haben als in einer anderen, aber die Vorstellung in all diesen Modalitäten kann geübt werden.

Spricht man nun von diesen Schlüsselsituationen, dann kann man das in einer informierenden Weise tun. Man kann sich die Schlüsselsituation aber auch vorstellen, und dann wird man erzählen. Und je mehr Modalitäten der Wahrnehmung bei diesem Erzählen beteiligt sind, um so lebendiger werden die Bilder der Schlüsselsituation, um so mehr werden Emotionen ausgelöst, um so mehr fühlen wir uns bei uns selbst.

Gelegentlich findet man auch über einen bestimmten Geruch etwa zu einer Schlüsselsituation.

Beim Erzählen wird man sich meistens mit dem Opferanteil des Komplexes identifizieren. Dadurch erfahren wir Empathie mit unserem Opfersein, Angst, Wut oder auch andere Gefühle, und es wird über die Information und über die Emotion eine Verbindung zur Lebensgeschichte hergestellt. Sehr oft ist die Empathie mit dem Opfersein auch eine Empathie mit sich selber als Kind, das gelitten hat, das sich in der entsprechenden Lebenssituation unverstanden gefühlt hat und sich nicht wehren konnte. Wenn wir uns mit dem Täteranteil oder mit dem Täterinnenanteil identifizieren, der in der Regel zunächst projiziert ist, dann werden wir uns schämen. Dieser Anteil ist hoch mit Scham besetzt. Aber erst wenn wir diesen Anteil des Komplexes interpersonell und intrapsychisch sehen und akzeptieren können, können wir uns dagegen auch zur Wehr setzen. Ist dieser Anteil aggressiv oder destruktiv, dann wird Aggression gegen die Destruktion notwendig, dann müssen wir uns aggressiv gegen unsere Destruktivität einsetzen. Sind beide Anteile des Komplexes wirklich bei uns im Gefühl, ist auch der Täteranteil oder der Täterinnenanteil interpersonell und intrapsychisch erlebt, meist verbunden mit einem gewissen Erschrecken. Dann kann es eine Wandlung geben.

In den therapeutischen Prozessen wird lange an der Entwicklung aus diesen Komplexkonstellationen gearbeitet. Oft zeigen sich diese Komplexe in problematischen Übertragungs-Gegenübertragungs-Kontexten. Man arbeitet vielleicht an einem Traum oder spricht über die Beziehung, aber eigentlich spricht man immer über die Komplexe, oder es stellt sich immer wieder die gleiche Komplexdynamik ein: Eine fühlt sich angegriffen, einer greift an, ohne daß dies beabsichtigt ist. Dadurch wird der therapeutische Prozeß gebremst, blockiert, bis man entschlossener an dieser Schlüsselsituation arbeitet und sich mit beiden Polen des Komplexes identifiziert. Gelingt das, macht man die Erfahrung, daß plötzlich ein neues Thema in der Therapie auftaucht, Traumsymbole, die zuvor nicht erlebbar waren, können erinnert werden, neue Schlüsselsituationen konstellieren sich im Alltag und in der therapeutischen Beziehung: Wandlung ist möglich geworden.

Krisenintervention durch Imaginieren einer Komplexepisode

Um sich den Opfer- und den Täterinnenanteil bewußtzumachen, können Imaginationen hilfreich sein.

Eine Studentin hat ungeheure Angst vor der Abschlußprüfung an der Universität. Schon zweimal ist sie nicht zu der Prüfung angetreten, zu der sie sich angemeldet hat. Sie ist eine sehr gute Studentin, und sie ging jeweils auch am Tag der Prüfung in Richtung Universität, aber dann nicht in die Universität hinein, sondern an ihr vorbei. Weder hatte sie die Prüfung abgesagt noch sich gemeldet, sie ging einfach nicht hin. Sie konnte nicht hingehen, denn sie war überzeugt davon, ginge sie nur in den Eingang des Gebäudes, müßte sie sich sofort und unaufhörlich übergeben. Das wollte sie aber niemandem zumuten.

Als der dritte Termin – der letzte – nahte, bat sie um eine Krisenintervention.[37]

Sie sagte, es ginge ihr sehr schlecht. Ihr sei klar, daß sie diese Prüfung machen müßte usw. Ich habe sie nach einem Traum gefragt, der ihr etwas über die Situation mitteilen könnte. Sie antwortete, sie habe einen Traum, aber der sei bestimmt nicht hilfreich, er würde nur ausdrücken, was sie sowieso schon wisse: Sie träumt, daß sie an die Universität gehen muß und sich auf den Weg macht. Kurz vor der Universität bekommt sie so sehr Bauchweh, und es wird ihr übel, daß sie einfach daran erwacht. Diesen Traum träumte sie immer wieder.

Zur Bearbeitung habe ich sie gebeten, sich diese Übelkeit vorzustellen. Emotionen haben ja immer auch einen körperlichen Ausdruck. Konzentriert man sich auf diesen, dann kann ein Bild daraus gemacht werden.

Sie: „Wenn ich dieses Gefühl in ein Bild fasse, dann komme ich mir vor wie ein ganz kleines Mädchen, das von

---

[37] Verena Kast: Der schöpferische Sprung. Vom therapeutischen Umgang mit Krisen, Olten 1987.

einer dicken Schnur oder einem dünnen Seil umwickelt ist." Wenn sie sich das so vorstelle, dann werde ihr ganz eng und sie fühle sich ganz schlecht. Sie habe dann das Gefühl, sie müßte sich übergeben.

Mit dem dialogischen Komplexkonzept im Hinterkopf frage ich danach, wer sie denn einwickle oder eingewickelt habe. Sie: „Niemand." Ich: „Das kann eigentlich nicht sein, selber kann man sich schlecht so einschnüren." Sie konzentrierte sich wieder auf ihr inneres Bild und sagte: „Jetzt sehe ich eine Gestalt, das ist eine sehr schöne große Gestalt. Diese Gestalt strahlt, sie ist ganz toll. Die hat das gemacht."

Da bildet sich jetzt in der Imagination die Angreiferinnengestalt des Komplexes ab.

Ich bat die Studentin, sich vorzustellen, wie sie sich als die große strahlende Person fühlt, denn wie sie sich als die kleine Gestalt fühlt, hat sie ja bereits beschrieben. Sie kann sich leicht in diese strahlende Person hineinversetzen: Sie sagte, es würde ihr unheimlich gefallen, so groß, so strahlend, so toll und phantastisch zu sein. Da könnte sie dann alle verachten, die da unten seien, da wäre man doch einmal jemand. Plötzlich sagt sie selber, ohne daß ich eine Intervention gemacht hätte: „Ja, von der aus gesehen bin ich mit meinen Seilen um mich herum ein absolutes Nichts." Hier findet nun eine erste Identifikation statt. Für sie war es ganz klar, daß sie so eine ganz strahlende, tolle, phantastische Frau sein möchte und eben kein Nichts. Das ist ein erster Hinweis darauf, warum sie nicht zur Prüfung gehen kann: Zwei oder drei Tage vor einer Prüfung kann man ruhig phantasieren, daß man eine tolle Prüfung macht. Doch am Tag, an dem man zur Prüfung geht, müßte man den hohen Anspruch opfern und sich innerlich auf „Durchkommen" einstellen. Man muß die Grandiosität opfern, damit der Druck nicht zu groß wird, erst und gerade dann kann man alle Fähigkeiten ausspielen. Die Studentin konnte offenbar die Grandiosität nicht opfern und muß deshalb an der Uni vorbeigehen, und alle, die drin sind und vergeblich auf sie warten, sind zumindest vorübergehend in ihrer Bewegungsfreiheit eingeschränkt. Sie gleichen ein wenig dieser in ein Seil eingewickelten Gestalt.

Die Komplexkonstellation im Zusammenhang mit dieser Prüfung und ihrer Krise hat sich, wie das in Krisensituationen oft der Fall ist, rasch abgebildet. An dieser Konstellation muß nun aber gearbeitet werden, damit sich das komplexhafte Geschehen verändert.

Nachdenklich sagte ich, dies sei eine schwierige Situation, die nur schwer zu verändern sei: Die eine junge Frau werde immer von diesem Seil umwickelt sein, eigentlich gefangen sein, und auch sehr klein. Und die andere sei wohl immer strahlend und groß.

Die Studentin: „Die Strahlende, die könnte ja ein bißchen kleiner werden."

Ich: „Was wird dann mit der anderen?"

Sie: „Da kann man ja das Seil ein bißchen wegtun. Sie ist ja auch zu sehr geschützt durch diese Seile."

Auf dieser imaginativen Ebene haben wir immer weiter gearbeitet. Der Studentin wurde sehr bewußt, wie sehr sie sich mit der Idee identifizierte, daß sie so strahlend sein müßte, größer als die anderen Menschen, und wie sehr diese Idee sie blockierte. So hat sie ihre sehr guten Leistungen immer wieder entwertet: Denn sie waren nicht so gut, wie sie sich vorstellte, daß sie sein müßten, nicht so unglaublich und unbeschreibbar gut, wie diese strahlende Gestalt es insgeheim von ihr verlangte. Eine solche Haltung hat natürlich lebensgeschichtliche Hintergründe. Die Studentin hat Eltern, die sie ungeheuer idealisiert haben. Sie haben ihr zudem vermittelt, sie müsse ganz besondere Leistungen bringen und ihr jeweils das Gefühl gegeben, das Erreichte sei zwar toll, aber eben doch noch nicht gut genug. Ihre Eltern gehörten der Elterngeneration an, die meinte, wenn man die Leistung der Kinder nie wirklich akzeptiere, dann triebe man sie damit zu immer noch besseren Leistungen an. Das ist eine Form von verdecktem Sadismus, den leider noch viele aus ihrer Kindheit kennen.

Auf der Ebene der Imagination konnte die Studentin sich leicht mit den beiden Gestalten ihrer Phantasie auseinandersetzen, sich damit identifizieren, dadurch auch ihre Erscheinungsform spielerisch verändern. Die Veränderung im Bereich des Komplexes muß sich aber im Alltag zeigen: Was in der Imagination und im Gespräch erarbeitet worden ist, muß sich auf die schwierige Alltagssituation übertragen. Nach drei Stunden Krisenintervention ging sie wirklich zur Prüfung, die sie glanzvoll bestand.

Weil wir unter Druck standen, habe ich etwas anders gearbeitet, als ich es in einer normalen therapeutischen Situation tun würde. Ich habe ihr den Auftrag gegeben, sich mit diesen Gestalten zu identifizieren, und nicht abgewartet, bis sie Zeichen gibt, innerlich so weit zu sein. Ich habe ihr einfach mitgeteilt, daß es gut ist, wenn man sich mit beiden Polen des Komplexes identifiziert, darauf vertrauend, daß die Abwehr schon einsetzen würde, wäre diese Identifikation zu angstauslösend.

Ich schlage vor, daß man diese Identifikationen zunächst auf der Imaginationsebene angeht und dort verändert. Dabei hat man die Möglichkeit, auf eine wenig angstauslösende Weise mit dem eigenen Problem in Berührung zu kommen. Aber es bleibt einem nicht erspart, sich die Komplexdynamik zwischen Täterin und Opfer auch auf der interaktionellen Ebene als Beziehungsdynamik anzuschauen und daran etwas zu verändern. Es muß der Zusammenhang zwischen der intrapsychischen Dynamik und der Beziehungsdynamik zum Komplexgebiet erarbeitet werden.

Die Identifikation mit Angreifern aufgeben

Damit Komplexe sich wandeln können, muß die Identifikation mit dem Angreifer oder der Angreiferin aufgegeben werden.

Auf der interpersonellen Ebene wirken wir oft wie die angreifende Person des konstellierten Komplexes, mit der wir, meist unbewußt, identifiziert sind. Man kann das auch als eine unbewußte Identifikation mit dem Angreifer sehen: Unbewußt verhalten wir uns so wie der als verfolgend erlebte Anteil unserer Komplexe. Der Komplex wirkt aber auch auf der intrapsychischen Ebene: Das Zusammenspiel der beiden Pole kann überdies abbilden, wie wir mit uns selbst umgehen – Aggressorin gegen Opfer, Opfer gegen Aggressor als innerer, komplexbedingter Konflikt.

Beim Komplexthema des Übersehenwerdens kann es sehr wohl so sein, daß ein Mensch sich immer selber übersieht und nicht wahrnimmt, was denn jetzt innerlich anstehen würde. Man muß sich dies einmal richtig vorstellen: Ich übersehe mich. Ich nehme mich nicht wichtig. Ich merke nicht, wenn ich müde bin. Ich merke nicht, wenn ich irgend etwas möchte. Was im zwischenmenschlichen Bereich erlebt werden kann, kann also auch intrapsychisch erlebt werden.

Denken wir an die klassischen Komplexe, etwa an den Autoritätskomplex: Die Autoritätsgestalt, die in fast jeder Situation sagt: „Das kannst du sowieso nicht wirklich, das solltest du anders machen", wird sehr oft auch intrapsychisch erlebt. Dieser Komplex wirkt bei Menschen, die, wenn sie etwas machen, plötzlich diese Stimme hören: „Das kannst du sowieso nicht wirklich", die sich also selber immer wieder sabotieren, diesen Sätzen aber auch ein Stück weit ausgeliefert sind. Es stellt sich natürlich die Frage, wie man denn aufhören kann, „sich fertigzumachen". Die wenigsten würden allerdings sagen: „Ich mache mich fertig", sondern es lieber so formulieren: „Es macht mich fertig." Formuliert man: „Ich mache mich fertig", dann akzeptiert man bereits, daß man diese autoritäre, entwertende Seite in sich selbst hat.

Auch das Thema der Schuldgefühle ist in diesem Zusammenhang angesprochen. Wenn wir unter Schuldgefühlen leiden, taucht intrapsychisch gesehen sozusagen eine aggressive Gestalt auf, die mit erhobenem Zeigefinger darauf hinweist, daß man unrecht getan hat. Der Kindanteil reagiert mit Angst, und der Erwachsenenteil wird aggressiv, und sehr oft sind wir in dieser Situation mehr identifiziert mit dem Angreifer. Wir sind sehr selten auf der Seite des Kindes. Gelingt es uns, intrapsychisch uns auf die Seite des Kindes zu schlagen, indem wir uns etwa bedauern, daß wir, wo wir doch so gute und schöne Dinge in die Welt setzen, diese auch immer gleich kritisieren müssen, oder sogar noch schlimmer uns immer gleich ganz die Daseinsberechtigung absprechen, dann können wir uns für einen Moment von dieser Komplexkonstellation befreien. Es ist eine erste Möglichkeit, sich bewußt zu werden, was abläuft.

Es gibt Menschen, die von sich sagen, sie hätten zwar gearbeitet, aber es sei eigentlich nichts wert. Und wenn einmal herauskäme, wie schlecht sie wirklich wären, so gäbe das eine Katastrophe. Diese Menschen frage ich manchmal, was sie denn einem Freund oder einer Freundin auf einen solchen Ausspruch hin sagen würden. Dann sieht die Situation plötzlich ganz anders aus: In irgendeiner Weise wird dann Unangemessenheit, ja die Lächerlichkeit solcher Situationen und Aussagen für einen Moment bewußt.

An diesem Gedankenspiel wird deutlich, daß man nicht mehr so fixiert bleibt, daß man mit den Positionen ein wenig spielen kann, wenn es gelingt, etwas Abstand zu gewinnen. Dann hat man plötzlich Ideen, wie man mit sich selbst auf eine etwas andere Weise umgehen könnte.

Doch es ist schwierig, die Identifikation mit dem Angreifer aufzugeben, denn sie vermittelt den Eindruck von Kontrolle und Macht. Geben wir auf, uns mit einer harten kritisierenden Instanz oder mit einer Seite, die einfach bei Bedarf andere Menschen übersehen kann, zu identifizieren, dann geben wir sehr viel vermeintliche Macht ab. Es ist eben nicht nur die Scham, die uns daran hindert, zu erkennen, daß wir mit dem Angreifer oder der Angreiferin identifiziert sind. Wir stehen auch vor dem Problem, Macht aufzugeben. Es ist aber nur eine vermeintliche Macht. Das wird deutlich sichtbar, wenn wir uns der intrapsychischen Ebene zuwenden. Intrapsychisch gibt es ja nicht nur die Seite der Macht, sondern auch die Seite der Ohnmacht. Dort ist man nicht nur Täter, sondern auch Opfer. Bleibt man mit dem Täteranteil identifiziert, dann empfindet man möglicherweise eine gewisse Macht, dann wird man auch anderen Menschen gegenüber ausgesprochen hart sein. Man wird vielleicht gefürchtet werden, aber es ist eine Machtposition aus der Not heraus, nicht aus der Stärke.

Es ist schwierig, sich mit dem Täteranteil des Komplexes zu identifizieren, es ist aber unabdingbar nötig, soll eine Entwicklung im Bereiche des Komplexes stattfinden. Ich betone die Schwierigkeit so sehr, weil es Menschen gibt, die sich ungeheure Vorwürfe machen, wenn sie dies nicht gleich können, und das Gefühl haben, es müßte ihnen, wenn sie diesen Sachverhalt einmal erkannt haben, sofort auch gelingen.

Schuldgefühle akzeptieren

Damit Komplexe sich wandeln können und man sich aus der Verklammerung von Opfer und Aggressor lösen kann, müssen Schuldgefühle akzeptiert und in ihrer Funktion erkannt werden.

Je mehr wir mit dem Opferanteil des Komplexes identifiziert sind, um so mehr werden wir im Kreuzfeuer der Kritik von dem Angreiferanteil des Komplexes stehen. Diese Kritik erleben wir als aggressiv und reagieren darauf mit Angst. Schuldgefühle binden gleichzeitig die Aggression und die Angst, das heißt, weder kann die Angst genützt werden, indem sie vor einer Gefahr warnt, noch kann die Aggression genützt werden, um in dieser gefährlichen Situation Abhilfe zu schaffen. Nun gibt es die sogenannten Rucksackschuldgefühle, so genannt, weil man sie eigentlich wie einen Rucksack, der einem zu schwer ist, von den Schultern nehmen und abladen könnte. Rucksackschuldgefühle haben damit zu tun, daß wir mit der Opferposition identifiziert bleiben und letztlich nicht die Verantwortung für das übernehmen, was wir tun, daß wir nicht zu unserem Schatten stehen. Die Opferrolle verbindet sich sehr leicht mit der Kindrolle und ist deshalb oft auch noch verquickt mit der Idee, daß man besonders gut sein muß. Es gehört aber zum Erwachsenenleben, irgendwann zu merken, daß man weder weiß noch schwarz ist, sondern grau. Man ist weiß und schwarz. Dafür muß man Verantwortung übernehmen. Es geht nicht an, sich als ganz gut zu sehen, nur dafür Verantwortung zu übernehmen und das Nicht-

Gute auf die Mitmenschen zu projizieren. Wir sind alle gut und böse. Können wir das akzeptieren, dann ist es möglich, uns in einer Situation, in der wir uns schuldig fühlen zu fragen, was wir falsch gemacht haben, und was wir in die Verantwortung nehmen müssen. Damit können wir uns von den Schuldgefühlen distanzieren, sie haben zunächst ihren Zweck erfüllt, nämlich die Frage zu stellen, was in die Verantwortung genommen werden muß. Es ist dann sogar möglich, daß wir auch empathisch mit uns selbst sein können, zwar zugeben, daß wir etwas nicht gut gemacht haben, aber daß wir uns in Anbetracht der Situation und in Kenntnis unseres Wesens auch verstehen. Wir werden spüren, welche Ängste durch das Schuldgefühl berührt sind, aber auch welche Aggressionen, man kann sich aber auch davon distanzieren. Genau dies gilt für die Rucksackschuldgefühle.

Es gibt aber existentiell viel tiefer gehende Schuldgefühle. Man bleibt anderen Menschen etwas schuldig, was man nicht hätte schuldig bleiben sollen und wollen. Eine Schuld, die man nicht so leicht wegpacken kann. Dieses Problem wird an folgendem Beispiel deutlich:

Ein verheirateter Mensch verliebt sich nachhaltig und verstörend. Was soll er tun? Vielleicht kann er eine Außenbeziehung haben und sich in der Regel schuldig fühlen gegenüber der ursprünglichen Beziehung. Er leidet dann unter Schuldgefühlen, mit denen er besser oder schlechter umgehen kann, die er aber nicht einfach ablegen kann, außer, er kann seine Gefühle abspalten. Denn er hat da mindestens einen Menschen verletzt, vielleicht zwei oder sogar drei Menschen. Er kann sich die Gefühle der Verliebtheit verbieten, sich einreden, das sei nichts Besonderes, das kleine erotische Flackern, das er immer einmal verspüre. Verbietet man sich ein tiefes Gefühl, dann entstehen an deren Stelle die Gefühle der Leere: Man ist sich selber gegenüber schuldig geworden.

Es gibt Lebenssituationen, in denen man gar nicht die Wahl hat, schuldig zu werden oder nicht schuldig zu werden: Man hat nur die Wahl, wem gegenüber man schuldig werden will. Wird man sich selber gegenüber schuldig, wird man in der Regel den anderen gegenüber in der Folge auch noch schuldig, weil man offen oder verdeckt wütend ist, daß man sich etwas, das soviel Lebendigkeit bringen würde, versagen oder verdrängen muß. Entweder macht man dann den Partner oder die Partnerin offen verantwortlich dafür und läßt sie oder ihn das offen entgelten, oder man hält die Entscheidung für die eigene moralische Entscheidung, ist aber insgeheim doch wütend auf Partner oder Partnerin, der oder die dies wieder entgelten. Dies ist nur ein Beispiel für ein existentiell bedeutendes Schuldgefühl, mit dem wir leben müssen und nicht einfach wegpacken können. Solche existentiellen Schuldgefühle gibt es viele: Wir bleiben einander im alltäglichen Leben viel schuldig, gemessen an den Vorstellungen, die wir von Beziehung haben. Wir wissen um dieses Schuldigbleiben und gehen in der Regel mit diesen Schuldgefühlen so um, daß wir sie zumindest vor uns benennen. Wir wissen, daß die Partnerin, der Partner jetzt liebevoller behandelt werden möchte, angeregt werden möchte, gestützt werden möchte oder einfach Zeit haben möchte. Und wir sagen uns, daß wir gerade jetzt das nicht einlösen können, weil wir doch gerade selber so unter Druck stehen, in einem besseren Moment unseres Lebens aber das alles nachholen werden. Wir haben sehr viele Entschuldigungen, warum uns es gerade jetzt nicht möglich ist, wir projizieren aber die Begleichung unserer Schulden in die Zukunft: wenn man Ferien hat, wenn die lästige größere Arbeit getan ist, wenn man pensioniert ist usw. Damit läßt es sich mehr oder weniger gut leben. Stirbt jetzt aber ein Partner unerwartet, dann bleibt man mit diesen ganzen Schuldgefühlen zurück. Dann fällt auf einen zurück, was man alles versäumt hat in der Beziehung und was eben nicht mehr nachzuholen ist, zumindest nicht in dieser Beziehung. Meistens ist man bei dieser Selbstkritik aus Schuldgefühlen heraus auch nicht besonders empathisch mit sich selbst, denn meistens hat man schon getan, was man tun konnte. Es war halt nur nicht furchtbar viel. Es gibt zwar selten Menschen, die absichtlich Zuwendung zurückhalten, aber es gibt sie. Ich habe recht oft Trauerarbeit mit älteren Männern gemacht, die darunter gelitten hatten, daß sie ihrer Frau nie gesagt hatten, wie wichtig sie für sie war, und die natürlich gespürt hatten, daß die Frauen nach solchen Bestätigungen gelechzt hatten. Auch sie hatten natürlich Gründe, es nicht zu sagen: der eine fürchtete, die Frau könnte dann zu „eingebildet" werden und sich möglicherweise noch nach einem anderen Mann umschauen, ein anderer hatte Angst, seiner Frau zu gestehen, wie abhängig er von ihr war. So offen dargelegt, habe ich das nicht allzuoft erlebt, indessen habe ich festgestellt, daß die meisten Menschen ungeheuer viel für einen anderen Menschen sein möchten und tun möchten, daß sie ihr Beziehungsideal viel zu hoch ansetzen und dann natürlich an diesem Ideal permanent schuldig werden. Was sie dann wirklich realisieren können, ist viel weniger als das Gesollte, weil sie ja auch in sehr vieles eingespannt sind und auch sich selber gegenüber Verpflichtungen haben.

Man kann den Anspruch zwar relativieren, aber man wird doch immer wieder schuldig werden, und diese Unentrinnbarkeit des Schuldigwerdens bewirkt, daß man sich darüber klarwerden wird und muß, daß Folgendes fundamental zur menschlichen Existenz gehört: Daß wir mehr tun möchten, geben möchten und daß wir daran immer wieder scheitern. Dennoch haben diese Schuldgefühle auch einen Sinn: Schuldgefühle rufen nach Wiedergutmachung, danach, für etwas Verantwortung zu übernehmen. Das kann man nur im Fluß des weitergehenden Lebens machen, man kann ganz selten etwas von früher in die Verantwortung nehmen. Man kann es sich vornehmen, etwas, das in einer vergangenen Beziehung als schuldhaft erlebt worden ist, in einer nächsten Beziehung zu vermeiden. Das hält man dann auch ein paar Monate durch. Wir müssen ja auch mit dem umgehen, wie wir wirklich sind, und nicht, wie wir gerne wären.

Es ist bei Schuldgefühlen wichtig, sich zu fragen, was in die Verantwortung genommen werden muß. Es ist aber ebenso wichtig, zu akzeptieren, daß Schuldgefühle unausweichlich zu unserem Leben gehören. Die Schuldgefühle können natürlich sehr weit gehen, und es gibt auch viele Formen der Abwehr von Schuldgefühlen.[38] Die bekannteste ist das Suchen von Sündenböcken.

Kreativ gestalten

Eine weitere Möglichkeit zur Arbeit an den Komplexen und damit zur Lösung der Verklammerung von Opfer und Angreifer ist die kreative Gestaltung.

Theoretisch gilt: in der Energie des Komplexes liegt die Energie, die dem Ich-Bewußtsein fehlt, um sich zu entwickeln.[39] Der Komplex zieht die Energie ab, die notwendig wäre, um lebendig zu sein. Diese Energie zeigt sich als Emotion, auf die wir uns konzentrieren können und die sich abbilden läßt. Der Komplex kann durch alle Methoden der kreativen Gestaltung abgebildet werden, und er wird sich durch immer wieder neue Gestaltung auch verändern. Dies wird zum Beispiel sichtbar an Bilderserien zum gleichen Thema.[40] Auch hier konzentriert man sich auf die Emotion des Komplexes. Die kreative Gestaltung richtet sich aber weniger auf die Episode als solche, gelegentlich

---

[38] Kast: Dynamik der Symbole (s. Anm. 12), S. 198 ff.
[39] Ebd., S. 63.
[40] Riedel: Maltherapie (s. Anm. 36).

werden die beiden Pole des Komplexes dargestellt, aber nicht immer. Denkt man zum Beispiel an die Maltherapie oder an das Formen in Ton, da steht nicht die Komplexepisode im Vordergrund, sondern der Versuch, das Lebensgefühl, das mit dem Komplex verbunden ist, allenfalls auch die Abwehr davon, zu gestalten und sichtbar machen zu können.

Die kreative Gestaltung bringt einmal das Bewußtsein von Ich-Aktivität. Ist ein Komplex konstelliert, dann erleben wir, daß unsere bewußte Ich-Aktivität außer Kraft gesetzt ist, wir können gerade nicht so reagieren, wie wir reagieren wollen, „es" reagiert, und oft so, wie wir gerade nicht reagieren wollen. Wo Komplexgebiet ist, fühlen wir uns unfrei. Das kreative Gestalten einer solchen Komplexsituation bringt die Erfahrung mit sich, in einer Situation, in der wir uns immer wieder als passiv erleben, aktiv sein zu können.

Malt man zu einer Komplexsituation ein Bild, kann man Gefühle ausdrücken, die man sonst nicht ausdrücken kann. Die kreative Gestaltung des Komplexes verlagert die Energie zum Ich-Komplex hin. Dies bewirkt, daß man die Überzeugung gewinnt, eben doch etwas bewegen zu können. Dabei entsteht auch so etwas wie eine schöpferische Lust. Die Lust in jeder Form wiederum beschwingt uns in unserem Selbstwertgefühl.

Wir sind immer noch zu sehr von den Theorien bestimmt, die sagen, daß man alles durchleiden muß, um zu einer gewissen Reife zu kommen. Das stimmt nicht so absolut. Es gibt problematische Situationen, in denen man sich dem Leiden voll und ganz stellen muß. Es gibt aber auch schwierige Situationen, die man dadurch besser bewältigt, daß man auch die Freude im Leben wahrnimmt und trotz aller Schwierigkeiten auch die Freude zulassen kann. Das Erleben der Freude verbessert unmittelbar unser Selbstwertgefühl, und in der Folge können wir dann Konflikte besser lösen.[41]

Die Kombination von Freude und Ich-Aktivität oder die Lust daran, etwas bewirken zu können – etwas, was offenbar schon vier Monate alte Kinder auszeichnet[42] –, gibt uns die Überzeugung, nicht nur ausgeliefert zu sein, sondern wirklich gestalten zu können. Diese Erfahrung verbessert unser Selbstwertgefühl zusätzlich, so daß man in einen selbstwertsteigernden Zirkel hineingerät – eine gute Voraussetzung, um ein problematisches Lebensthema, wie es sich normalerweise in den Komplexen abbildet, anzugehen.

Gelingt es, ein Gebiet zu finden, wo es Freude macht, etwas bewirken zu können, kommt zusätzlich etwas Urkindliches durch, nämlich das Gefühl: Ich kann nicht nur alles Mögliche kaputtmachen, sondern ich kann auch etwas ganz machen, und ich kann auch etwas Neues herstellen, etwas noch nicht Dagewesenes.

Die kreative Gestaltung hat eine deutliche Wirkung auf den Ich-Komplex und auf das Selbstwertgefühl und ermöglicht es von daher auch, sich mit den beiden Polen des

---

[41] Verena Kast: Freude, Inspiration, Hoffnung, Olten 1991.
[42] Mario Jacoby: Das Leiden an Gefühlen von Ohnmacht in der Psychotherapie. In: Helga Egner (Hg.): Macht – Ohnmacht – Vollmacht, Zürich 1996, S. 21f.

Komplexes auseinanderzusetzen. Sehr oft wird allerdings eher der Opferanteil gestaltet, und man muß den Täter oder die Täterin erfragen. Eigentlich ist es in diesem Prozeß der Maler oder die Malerin selbst.

Sich entwickeln, wo der Komplex nicht ist

Es gibt Menschen, die eine sogenannte Komplexidentität haben: Ihr Ich-Komplex ist identifiziert mit einem bedeutenden Komplex, der die Stelle des Ich-Komplexes eingenommen hat. Das ist allerdings sehr selten. Die meisten Menschen haben einige unterschiedliche Komplexe, die sich verschieden anfühlen und die in verschiedenen Situationen konstelliert sind und sie dann auch sehr beeinflussen. Es gibt auch Zeiten, in denen man für gewisse Komplexe anfälliger ist als für andere. Schließlich gibt es psychische Lebensräume, die frei sind von Komplexen. Da kann man in aller Ruhe leben und etwas entwickeln. Und diese Räume ermöglichen es, noch einmal anders mit Komplexen umzugehen: Man entwickelt sich dort, wo der am meisten hindernde Komplex nicht ist. Man sucht die eigenen Ressourcen. In dem Märchen der Gebrüder Grimm „Der Bauer und der Teufel" wird dies deutlich: Ein Bauer sieht eines Nachts auf seinem Feld ein Feuer, auf dem ein schwarzer Teufel tanzt. „Du sitzt wohl auf einem Schatz?" fragt das Bäuerlein. Der Teufel will ihm diesen gern geben, denn er hat Geld genug und sehnt sich nach den Früchten der Erde. So will er dem Bauern den Schatz unter der Bedingung geben, daß er zwei Jahre lang die Hälfte von dem bekommt, was der Acker abwirft. Damit kein Streit entsteht, will der Bauer ihm im ersten Jahr das geben, was über der Erde wächst, im zweiten Jahr das, was unter der Erde wächst. Im ersten Jahr baut der Bauer Rüben an – der Teufel bekommt also das verdorrte Kraut –, im zweiten Jahr pflanzt er Weizen an. Da fährt der Teufel wutentbrannt in die Felsschlucht nieder, und der Bauer hat seinen Schatz.

Dieses Märchen zeigt etwas ganz Wichtiges für den Umgang mit Komplexen: Man muß sich nicht immer im Komplexgebiet aufhalten, sondern man sollte dort anbauen, wo der Teufel eben gerade nicht ist. Manchmal ist es viel besser, zwar zu wissen, daß man ein schwieriges Problem mit sich herumschleppt, sich aber auch zuzugestehen, daß man sich noch nicht damit beschäftigen kann. Wichtig ist, man weiß, daß man dieses ungelöste Problem hat, und versucht, den Selbstwert an einem anderen Ort zu stabilisieren. Dann wird man eines Tages auch diese üble Geschichte selbst angehen können. Meistens ist es dann so, daß das Leben einen plötzlich in etwas hineinverwikkelt und man das, was man so schön auf der Seite gelassen hat, plötzlich nicht mehr auf der Seite lassen kann. Ein Mann mit einem für ihn gefährlichen Machtkomplex, der ursprünglich so wirkte, daß er mit jedem anderen Mann rivalisieren mußte und jeden, der halbwegs gut war, sabotieren mußte, und dabei in seinen Mitteln nicht zimperlich war, beschloß, jede Situation zu meiden, die seinen Machtkomplex konstellierte. Er wechselte dafür sogar seinen

159

Beruf, versuchte in einer Therapie mit seinen Gefühlen besser in Kontakt zu kommen. Sein Selbstwertgefühl stabilisierte sich, er wurde auf eine Art, wie er es nicht erwartet hatte, kreativ. Die Folgen dieser Kreativität spülten ihn nun plötzlich in eine Lebenssituation, in der es durchaus um Macht, Rivalität usw. ging. Der Komplex konstellierte sich, allerdings mehr als Erinnerung denn als aktuelles Handeln, und er konnte leicht bearbeitet werden.

Sich zu entwickeln, wo der Komplex nicht primär ist, bewirkt, daß man ichstärker wird, und infolgedessen kann man dann den anstehenden Komplex angehen. Dies würde letztlich bedeuten, entweder aggressiv mit der eigenen Destruktivität umzugehen oder auch die Opferposition zu opfern und das Neue, das ansteht, ins Leben hereinzulassen.

Die Einschränkung

Komplexe können bedeutender oder weniger bedeutend sein. Je größer die Informationsmenge ist, die im Komplexbereich gebunden ist, und je stärker die Emotion, die mit dem Komplex verbunden ist und an der Überreaktion sichtbar wird, um so „größer" oder bedeutender ist der Komplex.

In Situationen, in denen man sehr überreagiert – man muß allerdings immer auch beachten, daß Menschen ihre Emotionen verschieden ausdrücken –, zeigt sich ein starker Komplex. Solche bedeutenden Komplexe verschwinden nicht von selbst. Sie begründen die Lebensmuster, die immer wieder gleich sind. Rückfälle, auch wenn man sehr an den Komplexen und am Selbstwertgefühl gearbeitet hat, gehören dazu. Eines dieser großen Ärgernisse ist zum Beispiel der Autoritätskomplex. Auch wenn man noch so sehr an diesem Autoritätskomplex gearbeitet hat, taucht er doch immer wieder auf, etwa wenn man plötzlich erneut mit einigen Autoritäten konfrontiert wird. Autoritätskomplexe werden allerdings weniger, je älter man wird. Die Zahl der Menschen, die man als Autoritäten empfindet, verringert sich offensichtlich. Nicht mehr so viele Menschen haben einem ungefragt etwas zu sagen. Wenn man dann aber plötzlich wieder in eine Situation gerät, in der man etwa vor einem Gremium von vorgesetzten Menschen sitzt, von denen man weiß, daß sie einen jetzt am liebsten scheitern lassen wollen, dann werden die alten Autoritätskomplexe zumindest für einen Moment von neuem reaktiviert. In der Regel kann man damit aber wesentlich besser umgehen als vor der Bearbeitung. Man erlebt zwar das bekannte „Komplexgefühl", möchte am liebsten fliehen oder den Autoritäten ins Gesicht springen, je nach Geschichte und Temperament, dann kommt aber ziemlich bald der Moment, in dem man sich daran erinnert, daß sich jetzt abermals eine sehr bekannte Situation wiederholt. Vielleicht wird man sich dann sagen, daß man trotz aller Autoritäten der Welt bis jetzt weder aufgefressen wurde noch gestorben ist. Dann wird man ein paarmal tief durchatmen – das hilft immer bei Überreaktionen –, und dann ist man gefaßter, wird sich

161

vielleicht einfach darauf besinnen, daß man in solchen Situationen die eigene Haut so teuer wie möglich verkauft.

Bedeutende, zentrale Komplexe lösen sich nicht von selber auf. Es gibt aber Komplexe, die im Laufe des Lebens in den Hintergrund treten oder sich auch plötzlich wieder konstellieren können. Ein Beispiel dafür ist der sogenannte Geldkomplex. Dieser ist in milderer oder schärferer Form bei fast allen Menschen auszumachen. Im Alter zwischen zwanzig und dreißig Jahren scheint dieser Komplex bei vielen Menschen recht dominant zu sein, später tritt er etwas in den Hintergrund. Mit zunehmendem Alter scheint er allerdings eher wieder etwas stärker zu werden. Das hat auch mit ganz realen Gegebenheiten zu tun: Der Umgang mit Geld ist ein zentraler Punkt der Erziehung. Wir alle könnten Geschichten erzählen, wie wir in bezug auf den Umgang mit Geld sozialisiert worden sind und welche anderen Themen etwa am Geld abgehandelt worden sind: zum Beispiel Geld für gute Noten. Oder fehlende Lebensenergie wird fälschlicherweise mit fehlendem Geld in Verbindung gebracht usw. Die persönliche Grundlage für einen Geldkomplex ist also jeweils sicher vorhanden. Die meisten jungen Menschen haben nicht so sehr viel Geld. In der Mitte des Lebens ist das meistens etwas einfacher, und die alten Menschen befürchten oft, daß ihnen das Geld ausgehen könnte. Der Geldkomplex hat aber nicht nur damit zu tun, wie man mit dem Geld, das man hat, zurechtkommt. In unserer Gesellschaft hängt am Geld unendlich viel, deshalb kann auch die ganze

Selbstwertproblematik am Geld abgehandelt werden. Das
Geld ist nicht nur sichtbarer Ausdruck für Kaufkraft, auf
das Geld projizieren wir auch Lebensenergie. Dennoch ist
feststellbar, daß dieser Komplex – selbstverständlich nicht
bei allen Menschen – so etwas wie Gezeiten aufweist, einmal in den Hintergrund tritt, dann wieder dominierend
wird.

Auch die Komplexe im Bereich der Erotik scheinen mit
dem Alter eher etwas weniger bedeutsam zu werden.
Komplexe können sich aber auch bis zum Tode neu entwickeln. Die Komplexe, die sich im Alter entwickeln, liegen oft im Bereich des Selbstwertgefühls und sind mit
Gefühlen verbunden, keine Daseinsberechtigung mehr zu
haben. Das ist in einer Gesellschaft, in der das Alter und
die alten Menschen wenig geschätzt werden, fast eine logi-
sche Folge. Die Rentendiskussionen, die wir haben und
wohl noch lange haben werden, geben den alten Menschen
nicht unbedingt das Gefühl, geschätzte Mitglieder dieser
Gesellschaft zu sein. Zu diesen gesellschaftlichen Proble-
men kommt das Problem der abnehmenden Ich-Aktivität,
die ja sonst Selbstwertschwankungen auch kompensieren
könnte. Wahrscheinlich brechen im höheren Alter auch
noch einmal einige ganz alte Probleme auf. Wenn der Körper sich sehr verändert, etwa im Klimakterium, brechen
plötzlich alte Konflikte auf. Der Körper ist ja die Grundlage unserer Identität. Wenn sich unser Körper verändert –
zum Beispiel in einer Krankheit –, dann wird auch unsere
psychische Abwehr geringer, wir können unsere Probleme

163

weniger verdrängen. Darin liegt jedoch auch eine Chance, weil man die Probleme angehen kann. Deshalb ist ja ganz sinnvoll, wenn wir in einer kritischen Lebenssituation krank werden, vorausgesetzt natürlich, es ist keine schwere Krankheit. Wir sagen dann etwa „die Grippe hatten wir nötig", denn während der Grippe wird einem einiges über sich selbst bewußt; da die Kohärenz des Ich-Komplexes in Verbindung mit der körperlichen Krankheit nicht so gut ist wie üblich, ist man emotional ansprechbarer. Dann konstellieren sich diese Komplexe, die in irgendeiner Weise angesprochen sind. Das ist oft verbunden mit einer gewissen emotionalen Labilität. Es könnte also sein, daß bei den älteren Menschen, die zum Beispiel sehr deutlich eine Abnahme der Vitalität spüren, sich mehr Komplexe neu konstellieren. Zudem sind im höheren Alter sehr viele Verluste zu verkraften. Das heißt aber auch, daß nicht nur die schmerzhaften Verluste an sich zu verarbeiten sind, sondern daß auch das Beziehungsnetz, in dem man sich befindet und das uns ein Gefühl der Identität und auch ein gutes Selbstwertgefühl ermöglicht, löchriger wird. Das Selbstwertgefühl wird also doppelt beeinträchtigt. Es sollte aber nicht vergessen werden, daß Komplexe nicht nur Störungen sind, sondern auch die Brennpunkte des Lebens. Auf dem Komplexgebiet sind wir auch lebendig, nahe an den Emotionen. Wie man auch im höheren Alter mit diesen Komplexen umgehen kann, hängt wesentlich vom Selbstwertgefühl ab. Alte Menschen dürfen sich ihren Selbstwert nicht von außen zerstören lassen. Es ist eine wichtige gesellschaftliche Funktion, den alten

Menschen zu vermitteln, sich nicht unbewußt mit den Angreifern zu identifizieren, sich selber den Wert zuzugestehen, von dem sie hoffen, daß er ihnen auch von außen zugestanden werden sollte. Was heißt es in diesem Zusammenhang, sich mit den Angreifern zu identifizieren? Wir nehmen wahr, daß latent in unserer Gesellschaft eine gewisse Altersfeindlichkeit herrscht. Wenn wir uns jetzt selber plötzlich sagen, wie schrecklich es ist, alt zu werden, wie sehr man dabei die Bedeutung verliert, dann sind wir mit den Angreifern identifiziert. Dann sind wir aber auch bereits ein Opfer. Wenn wir uns indessen sagen, daß es einen ganz natürlichen menschlichen Lebenslauf gibt, sieht es anders aus: Es gibt eine erste Phase im Lebensbeginn, wo wir auf Hilfe angewiesen waren. Es gab eine Phase, in der wir für Kinder und auch für alte Menschen gesorgt haben, und möglicherweise gibt es wiederum eine Phase, in der wir auf Hilfe und auf Rücksichtnahme angewiesen sind. Dies alles hat nichts mit menschlichem Versagen zu tun, sondern ist normales menschliches Leben. Kann man das so sehen, ist man weniger in Gefahr, sich aus Altersgründen zu entwerten. Ältere Menschen können sich auch untereinander viel Beistand leisten. Wenn ältere Menschen sich zusammentun und sich fragen, was sie noch beitragen können und wollen in der gesellschaftlichen Situation – auch wenn sie sich nur als Unbequeme gebärden –, dann ist das schon sehr viel wert. Natürlich brauchen sie nicht nur unbequem zu sein. Es gab und gibt immer wieder auch „weise Menschen", es gibt den Archetypus der alten Weisen oder des alten Weisen. Im

Märchen hat eine Gestalt, die den Archetypus des alten Weisen oder der alten Weisen verkörpert, eine ganz bestimmte Funktion: Er oder sie setzt einen jungen Menschen auf den Weg. Die Alten verlangen Konzentration auf die schwierige Aufgabe, die zu bewältigen ist, und geben Information, Hilfestellung usw. Sie wissen, was auf welche Weise angegangen werden sollte. Handeln muß dann aber der Märchenheld und die Märchenheldin. Diese folgen der Empfehlung auch in etwa, sind aber immer auch etwas ungehorsam, und dieser Ungehorsam bewirkt, daß sie noch mehr Schwierigkeiten sich einhandeln, aber auch wirklich zu der eigenen Entwicklung finden. Darin liegt doch eine sehr schöne Vision für das höhere Alter: Aus einer etwas umfassenderen Sicht des Lebens Ideen zu entwickeln, diese Ideen jüngeren Menschen zur Verfügung zu stellen, die sie dann in ihrer Art ausarbeiten. Es ist ja auch sehr schade, wenn so viel Lebenserfahrung einfach irgendwo versinkt und nicht gebraucht wird. Vielleicht könnte man „Generationenwerkstätten" einrichten, Orte des Miteinander-Arbeitens, in denen jüngere Menschen fragen und tun, ältere Menschen ihre Erfahrungen oder Ideen vermitteln, ohne diese absolut zu setzen.

Die Theorie der Komplexe und die Auseinandersetzung mit den Komplexen geben deutliche Hinweise darauf, weshalb es so schwierig ist, sich aus der Opfer-Aggressor-Verklammerung zu lösen, aber sie zeigen auch, wo es dennoch ganz konkrete Möglichkeiten dazu gibt. Noch bleibt die Frage, wie Grandiosität geopfert werden kann. Es ist allerdings so, daß durch das Bewußtmachen der Komplexe, dadurch, daß die gebundenen Energien wieder ans Ichbewußtsein angeschlossen werden können, sich grundsätzlich das Selbstwertgefühl verbessert und die Grandiosität weniger notwendig ist. Dennoch möchte ich auch noch die Grandiosität in den Mittelpunkt der Überlegungen stellen – anhand eines Märchens.

Rumpelstilzchen – oder vom Umgang mit der Grandiosität

Opfer und Aggressor, so haben wir gesehen, zeichnen sich oft durch Grandiosität aus. Der Aggressor oder die Aggressorin durch eine offene Grandiosität, das Opfer durch eine mehr verborgene.

Wenn Sie das folgende Märchen lesen oder anhören, versuchen Sie nicht nur, die Bilder zu sehen, die Sie als Kind gesehen haben, sondern versuchen Sie, das Märchen noch einmal mit Erwachsenenaugen zu sehen.

Wenn Sie jemanden haben, der Ihnen das Märchen vorliest, dann stellen Sie bitte die Füße auf den Boden, atmen Sie ein paarmal tief durch. Lassen Sie Ihre Schultern fallen, schließen Sie die Augen, oder schauen Sie auf einen Punkt vor sich hin. Atmen Sie noch ein paarmal tief ein und aus. Nehmen Sie Ihren Atem wahr, beim Ausatmen lassen Sie Spannungen los. Sie stellen sich darauf ein, das Märchen mit allen Kanälen der Wahrnehmung aufzunehmen.

Rumpelstilzchen – Das Märchen

Es war einmal ein Müller, der war arm, aber er hatte eine schöne Tochter. Nun traf es sich, daß er mit dem König zu sprechen kam, und um sich ein Ansehen zu geben, sagte er zu ihm: „Ich habe eine Tochter, die kann Stroh zu Gold spinnen." Der König sprach zum Müller: „Das ist eine Kunst, die mir wohlgefällt; wenn deine Tochter so geschickt ist, wie du sagst, so bring sie morgen in mein Schloß, da will ich sie auf die Probe stellen." Als nun das Mädchen zu ihm gebracht ward, führte er es in eine Kammer, die ganz voll Stroh lag, gab ihr Rad und Haspel und sprach: „Jetzt mache dich an die Arbeit, und wenn du diese Nacht durch bis morgen früh dieses Stroh nicht zu Gold versponnen hast, so mußt du sterben." Darauf schloß er die Kammer selbst zu, und sie blieb allein darin.

Da saß nun die arme Müllerstochter und wußte um ihr Leben keinen Rat: Sie verstand gar nichts davon, wie man Stroh zu Gold spinnen konnte, und ihre Angst ward immer größer, daß sie endlich zu weinen anfing. Da ging auf einmal die Türe auf und ein kleines Männchen trat herein und sprach: „Guten Abend, Jungfer Müllerin, warum weint sie so sehr?" – „Ach", antwortete das Mädchen, „ich soll Stroh zu Gold spinnen und verstehe das nicht." Sprach das Männchen: „Was gibst du mir, wenn ich dir's spinne?" – „Mein Halsband", sagte das Mädchen. Das Männchen nahm das Halsband, setzte sich vor das Rädchen, und schnurr, schnurr, schnurr, dreimal gezogen, war die Spule voll. Dann steckte es eine andere auf, und schnurr, schnurr,

schnurr, dreimal gezogen, war auch die zweite voll: und so ging's fort bis zum Morgen, da war alles Stroh versponnen, und alle Spulen waren voll Gold. Bei Sonnenaufgang kam schon der König, und als er das Gold erblickte, erstaunte er und freute sich, aber sein Herz ward nur noch goldgieriger. Er ließ die Müllerstochter in eine andere Kammer voll Stroh bringen, die noch viel größer war, und befahl ihr, das auch in einer Nacht zu spinnen, wenn ihr das Leben lieb wäre. Das Mädchen wußte sich nicht zu helfen und weinte, da ging abermals die Türe auf, und das kleine Männchen erschien und sprach: „Was gibst du mir, wenn ich dir das Stroh zu Gold spinne?" – „Meinen Ring von dem Finger", antwortete das Mädchen. Das Männchen nahm den Ring, fing wieder an zu schnurren mit dem Rade und hatte bis zum Morgen alles Stroh zu glänzendem Gold gesponnen. Der König freute sich über die Maßen bei dem Anblick, war aber noch immer nicht Goldes satt, sondern ließ die Müllerstochter in eine noch größere Kammer voll Stroh bringen und sprach: „Die mußt du noch in dieser Nacht verspinnen: gelingt dir's aber, so sollst du meine Gemahlin werden." – Wenn's auch eine Müllerstochter ist, dachte er, eine reichere Frau finde ich in der ganzen Welt nicht. Als das Mädchen allein war, kam das Männlein zum drittenmal wieder und sprach: „Was gibst du mir, wenn ich dir noch diesmal das Stroh spinne?" – „Ich habe nichts mehr, das ich geben könnte", antwortete das Mädchen. „So versprich mir, wenn du Königin wirst, dein erstes Kind." Wer weiß, wie das noch geht, dachte die Müllerstochter und wußte sich auch in der Not nicht anders zu helfen; sie versprach also dem Männchen, was es verlangte, und das Männchen spann dafür noch einmal das Stroh zu Gold. Und als am Morgen der König kam, so hielt er Hochzeit mit ihr, und die schöne Müllerstochter ward eine Königin.

Über ein Jahr brachte sie ein schönes Kind zur Welt und dachte gar nicht mehr an das Männchen; da trat es plötzlich in ihre Kammer und sprach: „Nun gib mir, was du versprochen hast." Die Königin erschrak und bot dem Männchen alle Reichtümer des Königreiches an, wenn es ihr das Kind lassen wollte; aber das Männchen sprach: „Nein, etwas Lebendes ist mir lieber als alle Schätze der Welt." Da fing die Königin so an zu jammern und zu weinen, daß das Männchen Mitleiden mit ihr hatte: „Drei Tage will ich dir Zeit lassen", sprach es, „wenn du bis dahin meinen Namen weißt, so sollst du dein Kind behalten."

Nun besann sich die Königin die ganze Nacht über auf alle Namen, die sie jemals gehört hatte, und schickte einen Boten über Land, der sollte sich erkundigen weit und breit, was es sonst noch für Namen gäbe. Als am andern Tag das Männchen kam, fing sie an mit Kaspar, Melchior, Balzer und sagte alle Namen, die sie wußte, nach der Reihe her, aber bei jedem sprach das Männlein: „So heiß' ich nicht." Den zweiten Tag ließ sie in der Nachbarschaft herumfragen, wie die Leute da genannt würden, und sagte dem Männlein die ungewöhnlichsten und seltsamsten Namen vor: „Heißt du vielleicht Rippenbiest oder Hammelswade oder Schnürbein?" Aber es antwortete immer: „So heiß' ich nicht." Den dritten Tag kam der Bote wieder zurück und erzählte: „Neue Namen habe ich keinen einzigen finden können, aber wie ich an einem hohen Berg um die Waldecke kam, wo Fuchs und Has' sich gute Nacht sagen, so sah ich da ein kleines Haus, und vor dem Haus brannte ein Feuer, und um das Feuer sprang ein gar zu lächerliches Männchen, hüpfte auf einem Bein und schrie:

„Heute back' ich, morgen brau' ich,
Übermorgen hol' ich der Königin Kind;
Ach, wie gut ist, daß niemand weiß,
Daß ich Rumpelstilzchen heiß'!"

Da könnt ihr denken, wie die Königin froh war, als sie den Namen hörte, und als bald hernach das Männlein hereintrat und fragte: „Nun, Frau Königin, wie heiß' ich?", fragte sie erst: „Heißest du Kunz?" – „Nein." – „Heißest du Heinz?" – „Nein."

„Heißt du etwa Rumpelstilzchen?"

„Das hat dir der Teufel gesagt, das hat dir der Teufel gesagt", schrie das Männlein und stieß mit dem rechten Fuß vor Zorn so tief in die Erde, daß es bis an den Leib hineinfuhr, dann packte es in seiner Wut den linken Fuß mit beiden Händen und riß sich selbst mitten entzwei.[43]

Bleiben Sie noch einen Moment bei Ihren Bildern, nehmen Sie wieder wahr, welches Bild für Sie im Moment besonders lebendig ist. Dieses Bild schauen Sie noch einmal genau an. Versuchen Sie auch herauszufinden, ob Sie die Umgebung sehen, in der das Märchen spielt. Wenn Sie Menschen sehen, dann fühlen Sie sich

---

[43] Aus: Kinder- und Hausmärchen. Gesammelt durch die Brüder Grimm, Zürich 1996.

in diese Menschen ein. Fühlen Sie sich in die verschiedenen Personen ein, nehmen Sie die unterschiedlichen Gefühle wahr. Dann lösen Sie sich von diesen Bildern, öffnen langsam Ihre Augen, gähnen, strecken sich.

Die Überforderung durch die Grandiosität

Um das Märchen verstehen zu können, ist es hilfreich, sich in den Müller, in den König, in die Müllerstochter und in das Rumpelstilzchen in dieser Ausgangssituation des Märchens einzufühlen.

Bei dem Versuch, sich mit einzelnen Gestalten des Märchens zu identifizieren, macht man die Erfahrung, daß das nicht mit allen Gestalten gleichermaßen möglich ist.

In einem Seminar, in dem ich diese Übung machte, bemerkten Teilnehmer und Teilnehmerinnen, daß sie sich den Müller als unterwürfigen Menschen vorgestellt hätten, der ständig das Geld zählt, als einer, der unbedingt mehr sein und gelten will, als es ihm seine Persönlichkeit eigentlich erlaubt. Er muß sich unbedingt etwas einfallen lassen, um für den König interessant zu sein. Liebe verwandelt sich in Stolz auf die Tochter – vielleicht war es aber gar nie Liebe, nur Stolz. Einige haben sich in der Identifikation mit dem Müller dafür geschämt, darüber geschämt, daß er die Tochter verkauft hat. Verstehen konnten sie das nur, indem sie sich vorstellten, wie sehr der Müller aus einer tiefen Verbitterung oder einer großen Leere heraus das narzißtische Bedürfnis hatte, auch einmal ein ganz besonderer Mensch zu sein. Akzeptieren konnten sie sein Verhalten nicht.

Anhand dieses Märchens wollen wir uns der Thematik der Grandiosität im Zusammenhang mit der Thematik von Opfer und Aggressor zuwenden. Offensichtlich will der Müller mehr sein, als er ist. Er will interessant sein. Dahinter steckt Armut. Diese wehrt er indessen ab, indem er dem König einen großartigen Handel vorschlägt, der allerdings auf Kosten der Tochter geht.

Identifiziert man sich mit der Tochter, dann fühlt man sich vom Vater verraten und verkauft. Als Tochter hätte man nein sagen sollen zu diesem Handel. Aber konnte sie das, war sie gefragt? Das Gefühl der unmenschlichen Überforderung durch den Vater, und als Reaktion darauf Enttäuschung, Wut und Haß tauchen in der Identifikation mit der Tochter auf. Aber auch ein anderes Gefühl kann auftauchen: Wie wunderbar wäre es, wenn ich das machen könnte – aber ich kann nicht. Ich würde ja gerne, aber ich kann absolut nicht. Dies ist das Gefühl einer sehr großen Überforderung. Die Tochter ist in dieser Situation in mehrfacher Hinsicht ein Opfer: Ein Opfer der Männer und ein Opfer ihrer eigenen Grandiosität.

In der Identifikation mit dem König ist die Unzufriedenheit erlebbar, die er mit gierigem Haben ausgleichen möchte. Die Gier des Königs wurde von den Seminarteilnehmern als berauschend, unangenehm erlebt, als eine Art von Großmannssucht. Die Müllerstochter soll etwas beweisen. Ist es ein Betrug, dann wird die Müllerstochter getötet – das ganze betrügerische Netz soll aus der Welt geschafft werden. Gold oder Tod, das sind die Alternativen in diesem System.

Man kann die Ausgangssituation dieses Märchens auch als Komplexkonstellation betrachten. Wir haben eigentlich zwei Aggressoren, den Vater und den König. Wird der Vater des Vaterkomplexes[44] als Aggressor erlebt, kann diese Erfahrung leicht auf den Partner übertragen werden. Diese Tochter ist identifiziert mit der Kindposition in einem recht komplizierten Müller-König-Komplex – oder einfacher: Vaterkomplex. Die Schlüsselsituation, die sich jetzt konstelliert, heißt: Entweder bringst du Gold, oder du bist nichts wert und mußt sterben, du hast sonst keine Daseinsberechtigung. Diese Schlüsselsituation im Märchen kann auf Situationen des Alltagslebens hin verstanden werden. Es gibt Väter, die fordern, daß man in einem gegebenen Moment oder auch ständig etwas ungeheuer Großartiges bringt – Schönheit alleine genügt nicht. Wenn dies nicht gelingt, sprechen sie ihrem Kind die Daseinsberechtigung ab, sind enttäuscht, ziehen die Zuwendung ab.

Der Vater im Märchen fordert das absolut Unmögliche, und dies ist eine ungeheure Überforderung. Da man nun nicht wirklich Stroh zu Gold spinnen kann, muß diese Szene symbolisch verstanden werden. Das könnte dann heißen: aus etwas, was eigentlich gar nichts Besonderes ist, aus einem Abfallprodukt, etwas sehr Kostbares zu machen.

---

[44] Kast: Vater-Töchter, Mutter-Söhne (s. Anm. 21).

Diese Deutung läßt sich auf viele Lebenssituationen übertragen: Es gibt etwa auch Rednerinnen und Redner, die
Stroh zu Gold machen. Man kann dieses Symbol aber auch
umgekehrt verstehen: Da gelingt es, aus einem Abfallprodukt etwas Ewig-Gültiges zu schaffen. So oder so – eine
gewisse Ambivalenz bleibt.

Die Tochter ist das Opfer und den beiden Aggressoren
ausgeliefert. Auch der Müller war wohl ursprünglich ein
Opfer. Aber aus dieser Opferhaltung heraus ist er über die
Grandiosität und den Machtmißbrauch zum Aggressor ge-
worden. Sehen wir den Müller und den König zusammen
als eine Seite, dann wird auf dieser Seite des Komplexes die
Aggression immer mehr, ersichtlich an den Zimmern mit
Stroh, die immer größer werden.

In der Identifikation mit dem Rumpelstilzchen fühlten
sich Teilnehmer und Teilnehmerinnen an meinem Seminar energievoll, sprühend vor Leben, zwar sehr klein, aber
in der Situation ungeheuer gewachsen und bedeutsam: Er
ist der einzige, der eine Lösung hat und der alles dafür verlangen kann, aber auch der einzige, der die grauenhafte
Situation, in der die Müllerstochter eingesperrt ist, verändern kann. Das wird im Märchen darin ausgedrückt, daß
mit seinem Auftreten die Türe aufgeht. Man muß sich diese Situation visuell vorstellen: Da ist die Müllerstochter,
gefangen von Forderungen, die sie nicht erfüllen kann, sie
weiß nicht ein und aus – nur ein Wunder kann helfen. Sie
ist verzweifelt. Und plötzlich öffnet sich die Türe: Der
Lebensraum, aber auch der Komplexraum öffnet sich.
„Rumpelstilzchen" ist ein gut nachfühlbares Märchen:

Eine innere Forderung wird immer mehr und mehr, und man ist außerstande, sie zu erfüllen. Man fragt sich verzweifelt, wie man denn in diese unmögliche Sache hineingeraten ist, noch mehr natürlich, wie man bloß da wieder herausfindet – und dann geht plötzlich die Türe auf, eine Hoffnung tut sich auf. Ein Kontakt mit einer energievollen Kraft, die das Unmögliche bewirken kann, ist möglich. Dieser Energiezuwachs, das Aufleuchten von Hoffnung, könnte auch in Zusammenhang gebracht werden mit dem Erscheinen eines hilfreichen Menschen. Hoffnung wird wieder erlebbar.

Können wir Rumpelstilzchen auch als Verkörperung der Grandiosität sehen? Wie oben gesagt, erlebt sich das Opfer oft als ein großartiges Opfer. Diese Bewertung hilft es Menschen in der Opferposition, ihren Selbstwert trotz dieser Position aufrechtzuerhalten. Was sie durchleiden, ist dann nicht einfach nur beschämend, sondern es ist auch groß. Mit der Grandiosität kann man aber auch versuchen, die Opferposition noch einmal zu überwinden. „Ich kann das, ich mache das, ich kann Stroh zu Gold spinnen". Das heißt, daß man zwar ein Opfer ist, aber dennoch auch Unmögliches tun kann, und damit die Opferposition überwinden kann.

Betrachten wir im folgenden das Rumpelstilzchen als intrapsychische Gestalt der Müllerstochter, als eine Kraft, die sich im Moment der größten Verzweiflung konstelliert. Das Märchen erzählt also die Geschichte der Müllerstochter, die ihre Erfahrungen mit dem Vater verinnerlicht hat und sie auf einen Partner im Sinne von Erwartungen, die eigentlich mit dem Vater in Verbindung stehen, überträgt. Dieser verinnerlichte Vater, der durch die Beziehung zu ihm geprägte Vaterkomplex, zeigt sich in einer ungeheuren Überforderungsthematik, deren Opfer sie ist, und dem Bedürfnis, etwas zu können, was sonst niemand kann. Auf der interpersonellen Ebene würde das heißen, daß sie sehr leicht in eine Situation oder in eine Beziehung hineingerät, in der sie etwas ganz Besonderes bieten muß und den Eindruck hat, daß sie es auch kann. So würde Rumpelstilzchen intrapsychisch wirken. Die Überzeugung, etwas ganz Besonderes zu können, obwohl man eigentlich ein Opfer ist, gehört zu dieser Opferpsychologie. Es ist wichtig zu sehen, daß beide, Opfer und Aggressor, von Grandiosität bestimmt sind.

Das Opfern der Grandiosität

Wir wenden uns jetzt dem Schluß des Märchens zu: Nicht, weil man zwischendurch nichts sagen könnte, doch es ist nicht unbedingt nötig. Die Müllerstochter wird Königin, und sie bekommt ein Kind. Sie ist sozial aufgestiegen, und sie hat neues Leben in die Welt gesetzt. Sie hat also viel mehr Lebensmöglichkeiten und mit dem Kind auch ein Versprechen für die Zukunft, etwas, das wachsen wird, das eigene neue Impulse ins Leben hinein bringen wird. Diese grandiose Abwehr der Opferseite hat also durchaus etwas gebracht: die Überzeugung, etwas Besonderes zu sein, besondere Qualitäten zu haben, und die Energie, sich so richtig in etwas hineinzuknien, kann zu etwas führen. Mit dem Kind hat sie eine neue Identität gefunden, und sie ist reich. Aber um welchen Reichtum geht es jetzt? Vielleicht geht es nicht mehr so sehr um einen Reichtum im Sinne des Habens, wie beim König und beim Vater, sondern um einen Reichtum des Erlebens und des Gefühls, einen Reichtum des Seins. Damit wäre eine Gegenposition zum Anfang erreicht. Was macht man jetzt mit der Grandiosität? Psychologisch gesehen braucht man die Grandiosität nicht mehr, wenn das Leben erfüllt und lebendig ist. Das Märchen sagt denn auch, die Königin hatte das Männchen einfach vergessen. Für den Fortgang des Märchens müssen wir uns in Erinnerung rufen, daß wir als Kinder oft Mitleid mit Rumpelstilzchen hatten und Rumpelstilzchen gern gerettet hätten. Andere Menschen finden Rumpelstilzchen ekelhaft: Der Vater hat die Tochter verkauft, und jetzt soll die Tochter auch wiederum ihr Kind verkaufen, tut es aber nicht. Wir nehmen diese emotionalen Bewertungen, die wir mitgebracht haben, wahr – und stellen sie doch zunächst beiseite. Wenn ich Rumpelstilzchen als Verkörperung einer Größenidee sehe, dann ist es absolut wichtig, daß es sich zerreißt. Es handelt sich beim Rumpelstilzchen um eine kindliche Grandiosität, die sich auch in seinem Hüpfen und Springen, aber auch in seiner Freude am Backen und Braten darstellt. Größenphantasien sind meistens kindlich. Sie entspringen der Idee, man könne magisch etwas bewirken. Das Erstaunliche an den Größenideen ist, daß sie weitgehend funktionieren, solange man nicht vom Zweifel angenagt ist. Es gibt immer wieder in der Geschichte Menschen, die, genau besehen, gar nicht besonders klug und politisch versiert waren, aber als Führertypen akzeptiert wurden, weil sie selber so sehr von ihrer Größe und ihrer Bedeutung überzeugt waren. Oft dauert es recht lange, bis die Menschen durchschauen, was hinter dieser Art von charismatischem Typus steckt. Wahre Größe und Grandiosität können sehr ähnlich aussehen, wahre Größe ist allerdings nicht brutal.

Warum muß die Königin den Namen des Männchens erraten? Es geht darum, das Problem anzusprechen und zu benennen, in diesem Fall dieses sehr hilfreiche Männchen als Rumpelstilzchen zu entlarven, als eine Gestalt, die ein Dämon ist. Haben wir es zunächst als Repräsentation der Größenidee gesehen, dann heißt das, daß man diese Größenidee benennen muß, auch in ihrem nicht menschlichen Aspekt. Man sollte an diesem Märchen nicht unterschätzen, daß die Müllerstochter zunächst total passiv in der absoluten Opferrolle war. Im Moment, in dem sie in Gefahr ist, ihr Kind zu verlieren, wird sie aktiv und handelt. Das Kind symbolisiert unter anderem das eigene Neugewordene, das einem das Allerliebste ist und das man deutlich mit dem eigenen Selbst in Verbindung bringt. Als dieses neue Leben und damit auch ihr neues Leben in Gefahr ist, bekommt sie eine zweite Chance, die sie nützt: Sie schickt Leute durch das Land. Dies erscheint zwar immer noch nicht als eine sehr große Aktivität, aber wenn man es intrapsychisch auffaßt, dann heißt es doch: sie beginnt herumzusuchen und versucht, das Dämonische zu benennen. Die Benennung lautet Rumpelstilzchen. Wenn sein Name

181

damit etwas zu tun hat, daß es auf Stelzen geht, dann wäre es in der Tat eines, das sich größer macht, als es wirklich ist. Hier ist die Grandiosität ins Bild gesetzt. Die Gefahr besteht natürlich, daß sie auch mit ihrem Kind im Sinne des Komplexes umginge, es also auch wieder überfordern würde. Irgendwie ist dieses Kind zwischen dem Rumpelstilzchen und der Königin geboren. Die Königin muß dafür sorgen, daß es nicht in die Hände des Rumpelstilzchens gerät, nicht unter den Einfluß der Größenideen. Sieht man die Problematik dieser Überforderung, benennt man sie, dann löst sich das Problem – hier allerdings mit einem Eklat – auf.

Das Rumpelstilzchen muß verschwinden, man braucht es nicht mehr und darf es auch nicht mehr brauchen. Wenn es schon zur Hälfte im Erdboden steckt, kann man nur hoffen, daß es noch ganz da hinein geht und sich wandelt in der Mutter Erde.

Würde dieser grandiose Anteil weiter in der Königin wirken, dann könnte sie ihrem Kind dasselbe weitergeben, was man ihr weitergegeben hat. Diese Überforderung entsteht ja, weil man zum Goldkind gestempelt wird und dann auch ein goldenes Kind sein muß. Deshalb muß diese Grandiosität aufhören. Das Interessante dabei ist aber, daß sich diese Grandiosität selbst zerstören kann. Hier ist es nicht die Thematik des Blaubart-Märchens, mit der Aggression gegen die Destruktion vorzugehen, sondern die Grandiosität zerstört sich selbst. Die Königin hat sich entwickelt, sie hat ein Kind, und sie hat Zukunft. Sie ist also nicht mehr das Opfer. Sie bemüht sich aktiv um Wissen.

Sie muß um diesen Komplexanteil wissen. Gerade wenn man sich mit der Opferposition identifiziert, sich gar nicht so sehr als Opfer vorkommt, sondern sich auch noch recht gut dabei fühlt, dann ist es ganz wichtig, daß man die Grandiosität in den Blick bekommt. Diese Grandiosität – so sagt das Märchen – hilft, sich weiter zu entwickeln. Hat die Entwicklung aber stattgefunden, dann muß diese Grandiosität enttarnt werden, dann zerstört sie sich selbst, sonst wird alles Geschaffene zerstört.

Nicht Opfer – nicht Aggressor:
Das eigene Leben leben

Das Gegenbild zum Opfer und zum Aggressor ist das Bild des Gestalters oder der Gestalterin.

In ihm sind Aspekte des Opfern-Müssens, des immer wieder Opfern-Müssens mit denen der Aggression, im Sinne des Gestaltenwollens, des Dranbleibens, vereint. Trotzig wird immer noch jene Möglichkeit bearbeitet, die sich gerade noch ergibt. Auch der Gestalter oder die Gestalterin ist bezogen auf ein übergeordnetes Ziel, vielleicht auf das Ziel, dieses Leben angesichts aller Bedrohungen und der ständigen Begrenzung durch den Tod dennoch zu einem vollen Leben zu machen, und dieses auch den Mitmenschen zu ermöglichen, soweit es in seiner oder ihrer Möglichkeit liegt.

Dies scheint mir möglich zu sein, wenn wir unsere Komplexe ernst nehmen und sowohl die Macht und Grandiosität opfern, die wir in der Identifikation mit dem Angreifer oder der Angreiferin haben, als auch die Macht und Grandiosität opfern, die wir in der Identifikation mit dem Opfer haben. Nicht leiden und zerstören sollte oberstes Gebot sein, sondern leben und leben lassen. Dazu können wir aber nur finden, wenn wir jene Bereiche in unserer Psyche bearbeiten können, wo es uns nicht erlaubt war zu leben, wo wir Machtübergriffen ausgeliefert waren. Das ist uns aber nur möglich, wenn wir bereit sind, unsere Identifikationen mit dem Angreifer oder der Angreiferin auch zu enttarnen.

Nun stößt natürlich jeder Gestaltungswille an eine Grenze: Es bleiben immer Dinge, mit denen wir nicht umgehen können. Heidegger nannte das das Un-Umgängliche und meinte damit einerseits das, was nicht zu umschreiten ist, was von uns nicht in seiner Ganzheit gesehen werden kann, andererseits aber auch das, was nicht zu vermeiden, aber auch nicht zu bewältigen ist, so wie Tod und Verlust. Mary Williams[45] sah im Sadismus, einer ausgeprägten Identifikation mit dem Angreifer, eine Identifikation mit dem Tod als dem unzerstörbaren Zerstörer und folgerte daraus, daß Sadisten sich nicht damit abfinden können, daß es die Vergänglichkeit, also den Tod, gibt. Und daß sie so versuchen wollen, Kontrolle über das Leben zu gewinnen, eine Kontrolle, die uns Menschen nicht gegeben ist. In der Identifikation mit dem Angreifer oder der Angreiferin haben wir ein ähnliches Kontrollbedürfnis gesehen. Blinder Zerstörungswille führt letztlich zum Tod. Ein blinder Gestaltungswille müßte aber wohl auch wieder in die Opferposition führen, würde das Grundthema des Opferns, nämlich daß gewisse Dinge bedingt hingegeben werden müssen, nicht mitbedacht werden. Opfern heißt nicht einfach etwas zu verlieren, opfern heißt auch nicht einfach,

---

[45] Williams: The Fear of Death (s. Anm. 8).

etwas weggenommen zu bekommen, opfern heißt viel-
mehr, freiwillig etwas wegzugeben im Dienste einer übergreifenden Idee oder eines übergreifenden Wertes. Im Wag-
nis einer übergeordneten Idee, in der Hingabe an eine
übergeordnete Idee liegt noch einmal die Aufgabe des Gestalters oder der Gestalterin. Im Zusammenhang mit der
Opfer- und Aggressor-Thematik hieße es, das Leben nicht
auf Machtstreben, Dominanz und Unterwerfung zu redu-
zieren, sondern die vielen Möglichkeiten, die im Leben liegen, als miteinander Gestaltende einander zu ermöglichen.

Und das wäre wohl nicht einmal eine Vision, die als all-
zu grandiose Idee gleich wieder verworfen werden müßte.
Und dennoch würde es ein Umdenken mit sich bringen:
Alle Fragen des Ausbeutens und des Dominierens und
Unterwerfens müßten neu bedacht werden. Insbesondere
zwischen den Geschlechtern müßte die Gleichwertigkeit
immer wieder sichtbar gemacht und praktiziert werden.
Das heimliche Idealisieren der Aggressivität bei Jungen
und Männern müßte schonungslos aufgedeckt werden. Gestalten heißt, daß Menschen miteinander und nicht gegen-
einander etwas herstellen.

Worüber wir vermehrt und von allen Disziplinen her
noch nachdenken müssen, ist die Frage, wie das Selbstwertgefühl der Menschen ganz generell stabilisiert werden
kann. Das heißt, wir müßten auch enttarnen, wie im alltäglichen Miteinander das Selbstwertgefühl immer wieder
destabilisiert wird. Die Frage nach der alltäglichen Stabili-
sierung des Selbstwertgefühls ist sehr wichtig, denn davon
hängt letztlich der Umgang mit Angst und Aggression ab,

187

davon hängt auch ab, ob wir den Anforderungen an eine flexible Identität genügen können. Wichtig wären einfache Hinweise darauf, wie die Selbstregulierung des Selbstwertgefühls des einzelnen im Alltag in einer guten Weise unterstützt werden kann. Wenn zum Beispiel andere Sie fragen, was Sie denn alles tun, um sich besser zu fühlen, oder: in welchen Situationen Sie ein selbstverständliches Vertrauen ins Leben spüren, ein selbstverständliches Selbstvertrauen. Das sind Fragen danach, wie Menschen üblicherweise ihr Selbstwertgefühl regulieren, und das kann uns alle dazu anregen, das Selbstwertgefühl auch anders zu regulieren, so werden wir fähiger, unser Leben zu gestalten.

Weitere Aspekte, die zu nennen und zu beachten sind, sind folgende: Die Wertschätzung und das Bewußtwerden der Erfahrung der gehobenen Emotionen: Wenn wir uns freuen, haben wir ein selbstverständliches Selbstvertrauen, sind einverstanden mit uns selbst, mit der Welt und wesentlich weniger ängstlich gestimmt. Wir könnten anregen, auch einmal die Freudenbiographie zu rekonstruieren anstelle der Traumabiographie, uns also die Frage zu stellen, was uns in unserem Leben schon alles Freude gemacht hat und wo diese Freuden allenfalls geblieben sind.[46]

Aus dem Bewußtsein heraus, daß wir unser Selbstwertgefühl immer auch wieder regulieren können, ohne daß wir zu Aggressorinnen oder Opfer werden müssen, aus dem Bewußtsein heraus, daß Menschen sich einander sogar helfen könnten, zu einem sichereren Selbstbewußtsein zu fin-

---

[46] Kast: Freude (s. Anm. 41).

den, könnten wir in einen Zirkel des Miteinander-Gestaltens eintreten. Um weder Opfer noch Aggressor zu werden, ist es wichtig, sich immer wieder um ein gutes Selbstwertgefühl zu bemühen. Dazu ist die altersgemäße Ablösung von den Elternkomplexen sehr wichtig, es gibt aber, wie ich auch aufgezeigt habe, zusätzlich viele praktische Möglichkeiten im Alltag, wie wir unser Selbstwertgefühl stabilisieren können und wie wir es auch immer wieder stabilisieren, so daß wir auch mit den üblichen Kränkungen besser umgehen können. Das heißt aber mit anderen Worten auch, daß wir immer mehr versuchen, das eigene Leben selbstverantwortlich zu leben.

189

Danksagung

Dieses Buch entstand in vielen Jahren Berufsarbeit und Leben. Es hat mich immer wieder gestört, daß Menschen so leicht zu Opfern werden – insbesondere Frauen – und andere zu Aggressoren und Aggressorinnen. Ich danke allen, die mich auf diesem emotionalen Denkweg angeregt oder aufgeregt haben.

Auf der Tagung der Internationalen Gesellschaft für Tiefenpsychologie im Herbst 1995 zum Thema „Macht, Ohnmacht, Vollmacht. Tiefenpsychologische Perspektiven" habe ich zum Thema „Opfer – Aggressor" eine durchgängige Vorlesung gehalten. Diese Vorlesung war eine Grundlage für diesen nun vorliegenden Text. Ich danke den Teilnehmerinnen und Teilnehmern an jener Vorlesung; durch zahlreiche Fragen brachten sie mich dazu, insbesondere die Komplextheorie noch genauer darzustellen. Ich danke auch den Teilnehmern und Teilnehmerinnen am Märchenseminar zum Thema „Rumpelstilzchen", auch sie gaben mir viele Ideen.

Ganz herzlich bedanken möchte ich mich bei Karin Walter für die wiederum sehr schöne Zusammenarbeit.

Verena Kast

Verena Kast – Das Leben aktiv gestalten

Konflikte anders sehen
Die eigenen Lebensthemen entdecken
Band 5975

Lass dich nicht leben – lebe!
Die eigenen Ressourcen schöpferisch nutzen
Band 5314

Lebenskrisen werden Lebenschancen
Wendepunkte des Lebens aktiv gestalten
Band 5402

Loslassen und sich selber finden
Die Ablösung von den Kindern
Band 6077

Sich einlassen und loslassen
Neue Lebensmöglichkeiten bei Trauer und Trennung
Band 4888

Sich wandeln und sich neu entdecken
Band 5914

Trotz allem ICH
Gefühle des Selbstwerts und die Erfahrung von Identität
Band 5641

Vom Sinn der Angst
Wie Ängste sich festsetzen und wie sie sich verwandeln lassen
Band 5839

Vom Sinn des Ärgers
Anreiz zur Selbstbehauptung und Selbstentfaltung
Band 6011

HERDER spektrum

ALFRED ELLS

ZURÜCK ZUR UNSCHULD

Von den Wunden der Vergangenheit zur befreiten Sexualität

SCHULTE & GERTH

Die amerikanische Originalausgabe erschien im Verlag
Thomas Nelson Publishers, Inc., Nashville, Tennessee,
unter dem Titel „Restoring Innocence".
© 1990 by Alfred Ells
© 1992 der deutschen Ausgabe Verlag Klaus Gerth, Asslar
Aus dem Amerikanischen übersetzt von Christian Rendel

Best.-Nr. 15 176
ISBN 3-89437-176-5
1. Auflage 1992
2. Auflage 1994
Umschlaggestaltung: Ursula Stephan
Umschlagfoto: ZEFA
Satz: Typostudio Rücker & Schmidt
Druck und Verarbeitung: Ebner Ulm
Printed in Germany